新时代高校资助育人工作发展与创新研究

周　倩◎著

九州出版社
JIUZHOUPRESS

图书在版编目（CIP）数据

新时代高校资助育人工作发展与创新研究 / 周倩著
. -- 北京 : 九州出版社, 2021.5
ISBN 978-7-5225-0118-5

Ⅰ. ①新… Ⅱ. ①周… Ⅲ. ①高等学校－助学金－学校管理－研究－中国 Ⅳ. ①G649.20

中国版本图书馆CIP数据核字(2021)第110219号

新时代高校资助育人工作发展与创新研究

作　　者	周　倩　著
责任编辑	赵恒丹
出版发行	九州出版社
地　　址	北京市西城区阜外大街甲 35 号 (100037)
发行电话	(010)68992190/3/5/6
网　　址	www.jiuzhoupress.com
印　　刷	北京旺都印务有限公司
开　　本	787 毫米 ×1092 毫米　16 开
印　　张	12
字　　数	203 千字
版　　次	2021 年 6 月第 1 版
印　　次	2021 年 6 月第 1 次印刷
书　　号	ISBN 978-7-5225-0118-5
定　　价	78.00 元

前言

高校资助育人工作是高等教育的重要环节，关系到教育公平、人才培养的大业，因而我国政府历来极其重视高校资助育人工作的开展情况。伴随着社会经济状况的改善及高等教育相关机制的完善，高校学生的人数不断增加，教育成本也相应大幅提升，高校资助育人的政策不断完备，资助力度不断扩大，资助育人体系逐渐建立起来。但是，高校资助育人工作仍然存在一定的缺陷，例如育人的成效并不显著、资助资源配置不合理、资助育人资源有限等，仍需要进一步探究。

同时，获得感是个体对物质方面、精神方面获取到的成果的主观感悟，不仅包含了对资金、物品等有形事物的感悟，还包含了对无形事物的感悟。获得感是高校资助育人工作的产物，同时又是检验高校资助育人工作的一个重要标准。有鉴于此，笔者撰写了《新时代高校资助育人工作发展研究》一书，以期引起学界对高校资助育人工作及学生获得感的研究兴趣。

本书共分为六个部分。其中，第一章为高校资助育人体系概述，具体论述了高校资助育人体系的内涵、时代价值、理论依据、功能。第二章为高校资助育人工作回顾，具体论述了高校资助育人工作的发展历程、体系构成与案例、主要成就、存在问题。第三章为高校资助育人工作的国际比较，具体论述了美国、英国、日本、澳大利亚、新加坡五个国家高校资助育人工作的开展情况及其对我国高校资助育人工作的启发。第四章为发展型资助育人体系概述，具体论述了发展型资助育人体系的内涵、特征、价值，高校构建发展型资助育人体系的必要性及可行性、构建思路及设计。第五章为学生获得感与发展型资助育人体系的融合，具体论述了获得感与发展型资助育人体系的关联性、获得感的历史变迁与价值意蕴、影响贫困学生获得感的因素、提升贫困学生获得感的策略四方面的内容。第六章为以获得感为导向的发展型资助育人体系的实践路径，提出主要可以通过七种路径来实现，其一是强化思想引领，转变资助理念；其二是遵循发展规律，改进工作方式；其三是围绕立德树人，完善资助育人政策；其四是立足学生成长，拓宽资助育人途径；其五是关注实得提升，优化资助育人评价机制；其六是挖掘多方资源，整合资助育人力量；其七是注重实效宣传，增进受资助学生获得感。从整体的角度来看，本书逻辑清晰、结构严谨、内容涵盖面广，具有一定的理论价值。

这里需要说明的是，在具体撰写的过程中，笔者参考和借鉴了诸多资助育人与获得感方面的书籍与资料，在此对相关学者表示感谢。除此之外，由于时间与精力有限，本书中难免会出现不当与粗疏之处，恳请各方学者批评指正。

周　倩

2019 年 5 月

目　录

第一章

高校资助育人体系概述

教育是阻断贫困代际传递的根本途径，教育公平是社会公平的重要基础。普通高校优先将贫困家庭子女纳入资助范围，实施精准资助，加大资助力度，切实减轻贫困家庭子女经济负担，是增强贫困家庭发展能力、加快困难群众脱贫的重要途径。

立德树人是教育工作的根本任务，也是学生资助工作的根本任务。学生资助的最终目的是帮助家庭经济困难学生成长成才，使他们共同享有人生出彩的机会，共同享有梦想成真的机会，共同享有同祖国和时代一起成长和进步的机会。学生资助和学生资助工作，必须坚持育人导向，将育人作为资助工作的出发点和落脚点。

我国政府始终关注大学生的思想道德教育以及贫困学生的上学问题，并制定了相关的指导性文件，以指引资助育人工作和道德工作的顺利开展。高校实际上是育人工作的主要实施者，而资助育人工作则是高校学生工作的重要环节。为此，高校应该始终坚持立德树人的教育理念，将解决贫困学生的思想问题及实际需求问题紧密结合在一起。探究高校资助育人体系的基本概念，应该按照高校德育教育的理念和立德树人的理念，深入掌握与高校资助育人工作有关的各种问题。

家庭经济困难学生作为当代大学生群体中的一个特殊组成部分，是伴随着我国社会经济的发展而催生的。我国政府极为关注对这些家庭经济困难的学生的资助，在发展教育事业的过程中逐步构建了相对完善的高校学生资助体系，并持续扩大对这些贫困学生的经济资助力度。随着高校学生资助体系的建成，家庭经济困难学生所面临的经济问题得到了及时解决，有效确保这些学生享受到平等接受高等教育的权利，助推了我国高等教育公平事业。与此同时，伴随着高校学生资助工作逐渐朝着精准化、专门化、合理化的方向发展，高校学生资助工作已经不仅限制于经济上的资助，还应该将物质上的资助和精神上的扶持、紧密连接在一起，将服务管理及资助育人连接在一起，将满足贫困学生当前的实际需求和扶助贫困学生长久发展连接在一起，在开展学生资助工作的过程中坚持育人的理念，以便培养符合社会实际需求的复合型人才。做好新时期学生资助工作，实现资助工作转型升级，不仅要求我们要确保“应助尽助”，还要求我们要力争“人人成才”。我们要高度重视并认真做好资助育人工作，在学生资助工作中落实好立德树人根本任务，在提升育人成效中彰显资助成效，这是新时代学生资助的新任务和新要求。

第一节 高校资助育人体系的内涵

伴随着我国高等教育的逐步推进，高等教育公平问题已经成为全体社会成员关注的重点问题，而作为高等教育公平主要内容的贫困学生问题也受到我国政府和普通民众的普遍重视。有鉴于此，我国政府制定了一系列旨在资助贫困学生的政策，逐步构建了一个相对健全的贫困学生资助体系。各项高校学生资助政策的实施，在一定程度上使大多数贫困学生获得了接受高等教育的机会，促使他们顺利完成自己的学业，高校资助育人体系也得到了社会各界人士的广泛关注及支持。

高校是教育、培养人才的主要阵地，高校所开展的各种管理服务工作均以教育人才、培养人才为主要目的。作为“十大育人体系”之一，高校学生资助育人工作要进一步加强顶层设计，更新工作理念，优化资助模式，实现由粗放型资助到精准型资助、无偿资助到有偿资助、保障型资助向发展型资助的转变，调动各方积极性，充分利用现有的社会资源，实现精准资助资源最优化、效率最大化，全面提升工作质量。要想研究高校资助育人体系，应该首先深入探究高校资助育人体系的具体内涵。为了探究高校资助育人体系的具体内涵，以下主要从资助的内涵、资助工作的内涵、资助育人的内容几个方面展开论述，而后引申出高校资助育人体系的内涵。

一、资助的内涵

在探究资助一词的内涵的时候，我们可以从高校资助工作的实际开展状况来进行具体分析，可以将资助的概念简单界定为经济上的扶持。此种表述方式主要是从现实中所实施的资助形式来考虑的，与现实的状况较为符合。在对贫困学生实施经济扶持的进程中，各大高校主要采取发放能够量化的物质或者资金这种方式，可见资助最基本的内涵便是物质上的扶持。具体来讲，资助指的是扶持家庭经济困难的学生，尽可能保障他们在生活上、学习上的需求，以确保他们顺利地完成学业。帮助贫困学生顺利完成学业是资助的主要目标和任务，物质上的扶持则是资助的一种主要方式。

资助的对象主要是高校中的贫困学生。高校贫困学生主要指的是学生自身及其家庭所能获取到的资金难以维持其在校期间的学习费用、生活基本费用的学生。在实施资助的过程中，政府、高校、社会组织等被视为资助资金的主要提供者，而受到资助的高校学生则是资助的主要对象，占据客体的地位。然而这种关系并不表示学生在资助关系中处于客体地位，学生仍然是资助关系中的主体。作为资助客体的学生实际上具备了比较强烈的主体意识，能够发挥较大的能动作用，尤其是在当前重视德育工作的社会大背景下，高校学生的主体地位则更加显著。资助往往是围绕高校中的贫困学生而开展的，只有受到这些学生的支持和响应，通过发挥学生的主观能动性，才能够真正实现为学生考虑的资助工作。在具体实施资助措施的过程中，高校不应该仅仅将学生视为资助的客体，也不应该将资助仅仅当作单纯为学生发放资金便可以结束的活动，而是应该将资助和育人紧密结合，以资助推动学生成人成才。

目前，我国高校中的一部分贫困学生存在互相攀比、排斥他人、妒忌他人、自卑等不良心理状况。如果我们不强调学生在资助中处于主体地位，便会导致这些学生完全被客体化，这样便会加剧学生的不良心理状况。在高校资助育人体系下，学生应该具备独立自主、自强不息、积极向上的优良品质。而资助的育人功能作为一种外在的因素，则应该通过学生内在的身心协调发展才能够发挥作用。只有关注和培养学生的主体观念，促使他们形成通过自身努力来转变现实状况的自主意愿，才能够在各种社会实践活动中使学生自发对自身的情绪、心理状况、行为举动等进行及时的调整，促使他们获取全面协调的发展，进而实现高校学生资助工作的育人目的。

综上所述，我们在探究资助这个概念的时候，不能单纯从字面上的意思来理解，而是应该深入剖析资助所适用的具体场合，同时探究资助所反映出来的目的和实际价值。此处我们所讲的资助实际上是指高校所开展的资助工作，因而在理解资助内涵的时候便需要反映出高校资助工作的主要目标、作用、意义所展现的育人功能。

二、资助工作的内涵

学生的生活、学习活动主要发生于高校中，高校被视为学生各项活动的主要场所。因而，高校也是各种专门为在校学生所制定的政策措施的主要实施者和实施场所，同时资助工作又是高校学生管理工作的一个有机组成部分。尤其是目前高校贫困学生问题成为社会关注焦点的背景下，如何将资助工作做好做全始终是高校应该探究的核心问题。高校作为实行各项学生资助政策主要机构组织，不仅担负着研讨和传播国家学生资助政策、执行各项资助措施的责任和义务，还担负着各项资助工作的实施成效反馈给相关决策部门的责任。高校实施资助政策的过程也是对学生进行教育和管理的过程，因而我们认为高校资助工作实际上指的是高校所承担的传播和执行高校贫困学生资助政策、反馈各项工作的成效并对学生进行教育的各种工作。

三、资助育人的内涵

上文中我们论述到资助的基本含义便是从物质上扶持亟须帮助的贫困学生。从我国政府制定的各项与高校学生资助相关的政策措施的具体目标及实际意义来讲，政府所制定的各项学生资助政策实际上是为了确保高校贫困学生能够顺利地完成学业，使这些学生真正成为社会主义各项事业的接班人和建设者。资助政策的目标便是通过对学生提供经济上的资助来促使他们全方位协调发展，也就是说资助工作的最终任务便是实现育人的目标。

例如，我国各大高校在资助的过程中无法避免的会使各个班级的学生之间进行互相了解，将资助发放给真正需要帮助的学生。在这种互动的过程中，能够通过资助这种形式促使学生之间进行相互了解，进而形成互帮互助、团结协作的同学关系。在评估资助学生的时候，教师作为评估的主要组织者，他们的师德师风也会受到相应的考量；若教师所开展的资助评估工作始终确保公正、公开、公平，便能够得到全体学生的拥戴和支持，便会逐渐构建一种良性互动的师生关系。而对于负责开具证明性文件的相关政府部门的工作人员，开具证明的工作实际上也是对他们自身诚信的一种测验。因而，我们认为通过开展各种资助活动，会对参与其中的各个人员的素质进行集中考量，也是对他们工作的一种再教育。

探究资助育人的内涵就是要充分发挥此种对社会大众具有教育意义的育人功能，此种育人方式既能够对接受物质上资助的贫困学生进行重新教育，更是从更广泛范围上对参与到其中的每个人的再教育。通过参与主体的再教育，也会使参与到资助工作主体的素质得到相应的提升、精神上得到升华，进而落实育人的成效。

四、高校资助育人体系的内涵

为了凸显资助工作的育人成效，我们将以往的高校贫困学生资助体系统一称为“高校资助育人体系”。这样的话，便能够从名称上直接反映出资助工作的目的及功能，也能够凸显育人的重要性。

从静态的角度来看，高校资助育人体系实际上指的是目前高校实行的对贫困学生进行扶持的各种政策措施和管理制度。譬如，助学金、奖学金、勤工助学等方式。部分相关学者将这种资助体系称为传统贫困学生资助体系。从动态的角度来看，此种资助体系还应该囊括资助之前的政策措施宣传性活动、资助过程中的评估和证明活动、评定之后的教育工作等。

我们这里所谈到的高校资助育人体系主要是指以学生资助工作为主要载体，凸显、开发其育人功能和育人导向，推动全体学生全面协调发展的贫困学生资助体系。我们将高校资助育人体系的具体内容进行概括总结，得出高校资助育人体系具体囊括了资助观念、资助政策、资助主体、资助形式、资助进程、资助成效等环节的一个完备体系。高校资助育人体系不仅囊括了经济上的扶持和物质上的扶持，还囊括了素质的提升、精神的深化；资助育人的对象不仅囊括了获取物质扶持的贫困学生，还囊括了参与到资助活动中的非贫困学生、教师及政府相关工作人员。

我们所提倡构建的高校资助育人体系，是补充及完善以往统称为高校贫困学生资助体系所显露出来的问题，也就是既充分开发资助的主要功能又开发育人功能的体系，既关注经济上对高校贫困学生的资助，又充分发挥育人的功能。同时，高校作为十大育人体系的主要实施者，其工作成效会对学生的整体素质和学校的整体教育水准产生深远的影响。

第二节　高校资助育人体系的时代价值

资助育人实际上就是指在落实和实施资助政策措施的同时实现教育学生、培养学生的目的或者成效。资助育人是高校学生资助工作的一个主要功能，也是一种等级较高、作用突出的功能。高校学生资助工作只有先落实经济资助的基础功能，才能够进一步发挥育人的高级功能。资助育人同时也是高校学生资助工作发展的一个高层次阶段，只有在资助体系相对完善的前提下，资助育人的功能才能够真正得到实现。

高校学生是社会中一个具有独特个性的群体，他们被视为我国社会主义各项事业的创建者和接班人，其受教育程度将会对我国各项发展战略产生直接的影响。如何提升高校学生的整体素质已经成为关系到国家兴盛及前程的主要问题。而贫困学生作为高校学生的一个特殊群体，他们的出现是社会现实的必然产物。目前，我国正处于城镇化、工业化迅猛发展的关键时期，各区域发展不平衡、城乡发展不平衡现象渐趋严重，居民与居民之间的收入差距也逐渐拉大，提升全体民众的生活水平的实现路途遥远，而贫困学生普遍存在也成为亟须解决的社会性问题。经济拮据致使贫困学生的心理状况、思想观念发生了较大的转变，他们迸发出的各种问题虽然突出表现在学校中，然而这些问题却是来源于社会。因而，我国政府、高校和学生家长均应该密切关注贫困学生的受资助情况及受教育情况，以便更好地缓解社会矛盾。社会各界人士也应该从物质上对贫困学生实施帮助，从精神上为贫困学生给予鼓励，从能力上出发培养贫困学生。通过全面落实高校资助育人工作的各项措施，构建形态良好、和谐稳定的校园环境和社会环境，为贫困学生的全面协调发展营造更为宽松的外部环境。

一、丰富高校学生资助工作的具体内容

高校资助育人体系构建完成以后，我国高校实施的学生资助工作的主要内容变成对资助对象进行评定、对资助形式进行细化、对资助制度进行完善健全等，其最具有代表性的工作便是“奖、助、贷、勤、补、免”等各项资助措施的顺利执行。资助育人不仅凸显了高校学生资助工作的本质特征，还丰富了高校学生资助工作的具体内容。资助育人使得高校的学生资助工作和人才培养工作之间的联系更加紧密，还进一步明确了高校学生资助工作深入推进的方向及重心。

从资助育人内容的角度来看，在高校资助育人体系建立初期，一部分资助工作开展成效较好的高校便成立了自强社这种专门针对家庭经济状况不佳学生的社团，并积极开展了高校学生自立自强榜样评定、高校学生诚信教育等活动，这实际上是我国高校早期对资助育人内容的探寻。2011 年，全国学生资助管理中心开展了相关研讨会，着重探究了资助与育人互相融合的问题，并提出了将政府所提倡的价值观念纳入高校学生资助工作中，对贫困学生进行感恩教育、诚信教育、励志成才教育等，进而在资助中彰显育人的目标，这实际上是对资助育人内容的初次整合。2016 年，全国学生资助管理中心重新召开高校资助育人工作相关研讨会。部分相关人士在会议上提出高校资助育人工作应该始终坚持立德树人的理念，对高校学生尤其是贫困学生开展社会责任感教育、励志成才教育，重点强化他们的创新精神及社会实践能力。此种观念不仅成为目前我国高校资助育人工作的具体内容，还是国家对高校资助育人工作的具体要求。2021 年，全国学生资助管理中心印发《2021 年学生资助工作要点》，该文件中着重提出要深化资助育人。坚持把促进家庭经济困难学生成长成才作为学生资助工作的出发点和落脚点，作为学校立德树人工作的重要组成部分。形成学校全员参与、各部门配合、各教育教学环节统筹协调的帮扶机制。加强对家庭经济困难学生的思想政治教育、学业指导、心理疏导、就业帮扶。培养学生爱党爱国情怀、社会责任感、创新精神和实践能力，帮助家庭经济困难学生成长成才，积极促进就业创业。

二、拓宽高校学生资助工作的话语

以往所开展的高校学生资助工作侧重于解决贫困学生经济上面临的问题，显示出一定的局限性。目前，我国已经建立起专门负责学生资助工作的机构。资助工作虽然已经被归入高校学生工作的范围内，但是其主要的作用是解决高校学生所面临的实际问题，这也使得高校资助工作虽然具备了育人的功能，然而大部分情况下是被动地为高校学生提供德育教育。高校在开展各项学生资助工作的时候，仍然存在认识、观念转变不到位，重视程度还不够，工作措施、平台不到位，育人成效不显著等问题。客观上讲，与新时代、新要求相比，与更好满足家庭经济困难学生成长成才需求相比，我们目前的资助育人工作还处在起步阶段，还存在不少亟须解决的问题，证实了高校学生资助育人工作仍需进一步完善。

“资助育人”这个特有的概念是伴随着高校所开展的学生资助工作而出现的，显示出德育教育的特性，在一定程度上拓展了高校学生资助工作的话语，推动了高校学生资助工作的话语体系与德育教育的话语体系之间的交融和连接，促使高校资助工作在德育教育话语方面显示出主动性、自发性的特征，是思想政治工作的生动实践，是新时期我们学生资助工作的新使命和政治要求。

三、凸显高校学生资助工作的本质特征

从表面的角度来讲，高校学生资助工作集中解决了学生在校期间所面临的各项费用不足的困难，确保了家庭经济状况不佳的学生也能够上得起学，然而其最根本的目标是确保全体学生均能够享受到平等接受高等教育的权利。可见，资助工作实际上是推动教育公平、社会公正的一项重要措施。

高校之所以能够始终处于教育的核心环节，在于其始终坚持立德树人的理念，而高校学生资助工作也应该始终围绕立德树人来展开。高校学生资助工作的具体内涵及目标使得其具备了育人的功能，育人功能也是资助工作本身便具有的一种功能。资助育人实际上是高校学生资助工作的功能的一种深层意义，其受到高校学生资助工作发展环节的深刻影响。在较长时间内，我国各大高校针对贫困学生所开展的各种资助工作通常集中关注于解决学生上学困难的问题，这就使得高校学生资助工作仅停驻在经济援助的阶段，其深层次的育人功能并未得到充分发挥。高校资助育人体系的构建凸显了高校学生资助工作的本质特征。高校学生资助工作只有充分发挥其最基础的经济援助功能，才能够为育人这个深层功能的实现打下坚实的基础，继而凸显其育人的特征。

高校资助育人体系的构建被视为完善高校育人机制的一项重要举措，其功能

的发挥对高校学生资助工作来讲具有划时代的蕴意。一方面，高校资助育人体系代表了我国高校学生资助体系和资助业务渐趋完备；另一方面，高校资助育人体系代表了资助育人这种资助工作更高级别的、特有的功能正被高校德育工作话语与实践所认可。资助育人在成为提升高校德育教育水平的主要内容及方式的同时，还凸显了高校学生资助工作的本质特征。

四、扩充高校学生资助工作的模式

高校学生资助工作是伴随着高等教育收费制度转型而产生的，此项工作必然会关注到经济上的资助或者物质上的资助，显示出较为明显的服务保障属性。最近几年，有相当一部分资助工作较为成熟的高校积极探寻了物质资助和精神鼓舞相互融合的资助形式，试图实施发展型资助的方式。然而，无论是精神上的鼓舞还是发展型的资助形式，均应该注重贫困学生更高层次的、多元化的需求，着重对这些学生进行心理疏导，发挥人道主义关怀精神，这样才能够使贫困学生感受到自身是被社会所尊重的，并逐步提升这些学生的综合素质，促使他们全方位协调发展、成长成才。譬如，为了快速提升贫困学生的国际视野、扩充他们的社会阅历，政府、高校、社会组织等资助者可以资助贫困学生出国出境进行访问学习或者开展社会实践活动、调研活动等。此种资助的观念及形式在一段时间内受到了高校的质疑及反对，一些高校甚至主张学生资助工作的主要目的是解决学生上学难的问题，而发展型的资助形式偏离了这种理念。资助育人则解决了这种争议，不管是物质上的资助、精神上的鼓舞相互融合的资助形式，还是发展型的资助形式，均凸显了高校学生资助工作的本质特征。

我国教育部门的相关人员已经认识到高校学生资助工作的重要性，部分人员指出当前我国高校的资助育人工作是在立德树人这个范畴内而开展的，此种资助方式拓宽了学生资助工作的理念，拓展了学生资助工作的功能，改进了学生资助工作的方式，在资助观念上实现了从保障型资助向发展型资助的转变；还有部分学者指出资助育人是高校学生资助工作的新阶段、新方向，代表了我国学生资助工作开始逐步向 3.0 时代前进。

总而言之，高校学生资助工作的形式从基础保障型资助逐渐转变至发展型的资助，实际上是资助工作发展至特定阶段后的必然趋势。资助育人不仅是高校学生资助工作形式的拓展形式，还是高校学生资助工作水平提升的具体体现，代表了我国高校的学生资助工作逐渐向新的模式前进。

第三节 高校资助育人的理论依据

实践证实，理论是从实践活动中总结而来的，而各种实践活动又需要科学理论的指导。从这个意义上看，高校资助育人工作必须按照教育公平理论、人力资本的理论、教育成本分担理论、人的需要理论、人的全面发展理论为指导，不断反省目前我国高校资助育人工作中出现的问题；同时还应该结合高校立德树人的教育理念，在为家庭经济状况困难的学生提供基本生活资助及学习资助的前提下，通过创造新的条件，主动帮助这些学生实现更高层次的需求。

一、教育公平的理论

大多数教育相关的学者在谈论到人的教育问题的时候均提到了公平的理念。学生作为社会成员的一份子，均具备平等接受高等教育的权利，不应该由于家庭经济或者其他因素的影响而受到限制。孔子提出的“有教无类”观念便是这种理念的支撑。在社会发展的过程中，处于不同领域的学者对教育公平这个问题不同程度地进行了探究，这就使得教育公平的理论得到了补充和完善，促使教育公平理念逐步走向成熟。

实际上，我们认为教育公平会受到国家对教育工作的资金投入程度、地区经济发展程度、高校的运转体系和师资力量等多种因素的深刻影响。因而，要想真正实现教育公平，我们不能仅仅考虑经济方面的问题，还应该有目的性地发挥其他因素的重要作用。我国部分学者从教育的起点、发展历程、结果三个角度出发对教育公平问题进行了深入的探讨。这些学者从辩证主义的层面出发，提出了我国教育工作应该更加关注对家庭经济困难学生群体的教育及培养，并为他们提供平等地接受高等教育的机会及必要条件。

从伦理学的层面上看，美国伦理学家罗尔斯率先提出了平等自由、机会公平平等、差别对待三个原则，这三个原则依次优先。从个人因素和环境因素来看，不同学生之间存在较大差异性，在获得教育资源的时候，便会出现每个学生个体之间的差别，这种差别会进一步致使一些学生并不能有效获取到教育资源。考虑到这个因素，罗尔斯主张在平等观念的指导下应该适当地对学生进行差别对待，通过补偿资源的方式给予贫困学生更多的重视，力争实现受教育机会的平等与公平。

除此之外，美国教育学家诺丁斯则主张应该充分考虑到不同个体所展现出来的独特特性，高校如果不能按照不同学生的差别性及独特性而开设不同的课程，便违背了教育公平的理念。从家庭困难学生的角度来看，他们能够获取到的受教育机会不应该受到客观要素的制约及束缚，而是应该按照学生家庭的具体经济状况对这些学生进行不同程度的资助，进而确保他们平等地接受高等教育。

二、人力资本的理论

人力资本理论主张高校所开展的学生资助活动能够为今后社会发展带来一定的社会效益，因而国家及各大高校自愿为学生提供经济上、物质上的扶持，这为高校学生资助工作逐步走向制度化提供了理论支撑。18 世纪 70 年代，英国经济学家亚当·斯密详细论述了资助政策能够产生的经济价值，并指出了人类各方面能力的培养更多地受到后天的外部环境及受教育程度的影响。他认为个体的能力、才智不仅能够为其自身的发展提供相应的条件，更重要的是能够为社会的发展创造一定的价值，进而形成一种国家级别的资源。个体的知识储备、技能培养或耗费一定的社会成本，同时当个体的能力提升至一定程度后，所耗费的社会成本便能够通过补偿的方式来获得收益。从这个意义来讲，我国政府为高校学生提供资金上、物质上的资助，不仅能够有效提升高校学生自身的能力及整体素质，还能够为社会带来一定的经济效益。

美国经济学方面的专家舒尔茨主张在教育事业所进行的投入能够有效提升国家的整体生产效率，将会在很大程度上增加社会民众的收入。通过深入的研究，舒尔茨提出高层次人才能够对国家的实际管理做出突出的贡献，而高层次人才的培养要求国家加大对教育事业的投入。因而，从国家和社会发展的实际进程来讲，教育能够对经济的增长做出较大的贡献，其贡献率大体上是 33%，人力资本的相关投资在推动经济增长的过程中发挥着重要的作用。除此之外，美国的经济学家贝克尔主张高等教育往往具备一定的社会公益性质及公共物品性质。有鉴于此，全世界各个国家及地区的政府应该加大对教育事业尤其是高等教育事业的投入，增加对高校学生的资助便具备了坚实的理论支撑。

三、教育成本分担理论

20 世纪 70 年代以后，全世界范畴内开始出现经济增长缓慢、居民收入差距拉大、通货膨胀等社会性问题，有相当一部分国家纷纷减少了对教育事业的资金投入。80 年代以后，全球各个国家及地区的经济发展状况不断恶化，社会中大多数领域和行业均出现了较大的危机，多国政府的财政状况极度紧张，不得不通过节省财政拨款等方法来应对这种危机。在这种环境下，高等教育的发展蜗步难移。80 年代中期，美国经济学家约翰斯通提出了教育成本分担的理念。他提出高等教育的成本主要囊括了教学成本、学生生活成本及学生舍弃的收入。在培养人才的进程中，高等教育需要投入相应的成本，而成本的来源渠道则是多种多样的。从特定意义上讲，高等教育的成本实际上不应该完全依赖于国家，更不应该完全由接受高等教育的人来承担，而是应该由政府、家庭、高校、个人等多类主体来合力担负，这些主体能够用以往的收入、当前的收入及未来的收入来共同分担教育的成本。

具体而言，应该从家庭、学生自身、纳税人、高校几个角度来考虑。从家庭的角度来讲，家庭能够为子女提供相关的学杂费和必要的生活费用，并为子女提供在家住宿、饮食的环境及条件；从学生的角度来讲，学生可以通过勤工助学、校外兼职等方式来承担一定的生活费用，还可以通过助学贷款的方式来承担相应的教育成本；从纳税人的角度来讲，国家可以通过征收相应的税金或者提倡纳税人参与到资助高校学生的活动等形式，鼓励纳税人适当分担一些高等教育的成本；从高校的角度来讲，通过社会、有能力的校友、优秀学子的捐资筹款，设置奖学金、助学金，适当分担学生的教育成本。通过不同主体来分担高等教育的成本，能够在更大范畴内有效解决贫困学生的教育成本难题，为其赢得入学机会提供必要的帮助。不同国家及地区应该依照此种理论制定较为合理的、科学的高等教育收费标准和资助举措，从这个意义上考虑，高等教育的成本分担理论显示出一定的社会意义。

四、人的需求理论

（一）哲学中人的需求理论

哲学从宏观角度出发对人的需求理论进行了论述，指出人的需求实际上是人的本质特征，是人类发展的最终目的及根本动力支撑。资助育人活动能为人类真正拓宽自身的社会关系，促使人类的各种社会实践活动朝着健康的方向发展，促使人的需求由低层次的物质需求向高层次的精神需求转变。

从整体上看，哲学中提到的人的需求理论囊括了人的自然需求、社会需求及精神需求三大类需求。不同需求之间往往又存在相互联系、相互制约、相互影响的内在关系，当某一种需求得到满足以后，便会产生与之对应的其他需求。例如，当人们满足了最基本的自然需求以后，便会出现追求及探寻文化和相关知识的欲望及需求，从具体的教育领域来讲，这种高层次需求实际上是指人们的文化需求。在每个个体的主观意识及客观环境存在差异的前提下，为了更好地满足每个人的社会需求，便要求国家、社会、各类团体等主体均进行相应的资助及扶持。从高校家庭经济困难学生的角度来看，确保这些学生及时地接受社会资助便是帮助他们顺利接受及完成高等教育的一种有效方式。因而，高校资助育人工作应该从学生的实际需求出发，始终坚持以学生为本的理念，才能够获取到与之对应的社会效益。

高校学生正处在理想信念、人生观念不断提升重塑的拔苗孕穗关键时期，此时期也是他们个人能力水平不断提升、心理素质逐渐完善、品格逐步培养的人生关键时期。在家庭已经为学生提供了成长所需的保障及需求的前提下，全心全意提升高校学生的思想观念、综合素养成为高等教育当前的主要任务。固然，不同学生在精神方面的需求存在着比较大的差异，在进行学生资助活动的进程中，我们应该清楚地意识到这一点；为精准地开展资助育人工作，高校应该分类理清受资助学生的实际需求，有针对性、有目的性地开展相关的工作。

（二）马斯洛提出的需求层次理论

20 世纪 40 年代，美国心理学家马斯洛提出了需求层次理论。他主张人的需求层次是不断提升的，在这种观念驱使下他将人的需求细分为生理需求、安全需求、爱和归属感需求、尊重需求和自我实现需求五大类。马斯洛认为不同时期对于每种需求追寻的急切程度也是不同的。在特殊的阶段中，对某个层次最急切的需求才是鼓舞人们采取行动的重要因素及动力支撑。因而，当低层次的需求基本实现的时候，人类便会自发开始追寻更高层次的需求，各个层次的需求互相制约、互相联系，高层次的需求则会演变成新型的推动人类行为的重要因素。人类层次最高的一种需求便是自我实现，通过完整地呈现自身的潜能，进而达到更完整的一种体验。

从这个意义上讲，高校所开展的资助育人工作也应该从两个方面来展开。一方面是经济上的资助，确保全体学生均能够上得起学；另一方面是关注学生更高层次的需求，为学生提供精神上、思想上的扶持，强化对学生思想观念上的引导、心理上的疏导，帮助他们实现更高层次的需求。实际上，高校往往会将实现第一层问题视为资助育人工作的重心，在辅助贫困学生寻求及实现高层次需求的过程中，高校所采取的工作还差得较多，更有甚者出现缺失的现象。因而，高校在资助育人工作的进程中，更应该关注学生的高层次需求。

五、人的全面发展理论

人的全面发展理论主要囊括了人的自我意志得到相应的表现，人的多种需求、潜力及特性等各方各面均得到充分的发展，人的社会关系也得到相应的发展等。哲学认为人的全面发展包含了人的社会关系、自由个性、全方位协调发展、劳动技能等方面的内容。

首先，人的能力的发展在人的全面发展中占据了中心地位。人的能力实际上涵盖了方方面面的内容，不仅囊括了体力，还囊括了智力；不仅囊括了开展物质生产劳动活动的能力，还囊括了开展精神活动的相关能力；不仅囊括了有效调节社会关系的能力，还囊括了开拓创新、积极进取的能力；不仅囊括了现实能力，还囊括了潜在的能力。其中，体力及智力的发展在人的能力的发展过程中占据着重要的作用，成为其他能力协调发展的根源及先决条件。

其次，人往往存在于特定的生活关系之中。一个人与其他人的交往状况会对这个人的视野及见识产生较大的影响，进而对其自身的发展状况产生较大的影响。人类只有不断扩展自身的交际圈，才能够进一步开阔自己的视野，实现个体之间普遍的交际、全方位的联系。

再次，人的自由个性的发展被视为人的全面发展的集中表现及最高层次的目标，也是人的全面发展最本质含义。每个人的性格、喜好、品质、素养、情感等方面均会显示出较大的差异，这些方面组合成了每个个体的个性特征，而不同的个性又展现了不同个体的差异性、特殊性，集中表现在其自身的特殊创造性、自发自愿性。

最后，人的全面发展的出发点及落脚点应该是人的全方位协调发展，二者之间互相联系、不可分割。要想真正实现人的全面发展，我们应该重点提升人的整体素质，进而拉动全社会成员的整体发展，最终实现全体社会成员的整体发展。

总而言之，人的全面发展理论为高校资助育人工作提供了必要的理论支撑，提倡从科学文化素养、身心协调发展、思想道德修养等方面出发来培养及考察高校学生，力争将在校学生培养成全方位协调发展的复合型人才，而不是学业成绩优异、能力欠缺的考试机器。现阶段，我国高校学生的贫困现状不单单体现在经济的层面上，还应该强调从思想观念、身心健康发展、人际交往活动、学习技能等方面出发对这些学生进行正确的引导。只有通过这种方式，高校培育出来的学生才能够符合社会的实际需求、适应国际人才需求的转变形势，才能够进一步为我国综合国力的提升奠定基础。

第四节 高校资助育人体系的功能

实践证实，人才是社会发展最重要的资源。高校作为高素质人才培养的主要基地，其所开展的学生资助工作承载着育人的重任，同时也按照严格的流程进行具体实施，如图 1-4-1 所示。高校资助育人体系不仅从经济上对学生进行帮助，还重视对学生精神上的扶持，发挥着纾解学生心情、情感疏导、能力培养等主要功能。以下详细论述高校资助育人体系在学生成才成长过程中发挥的功能。

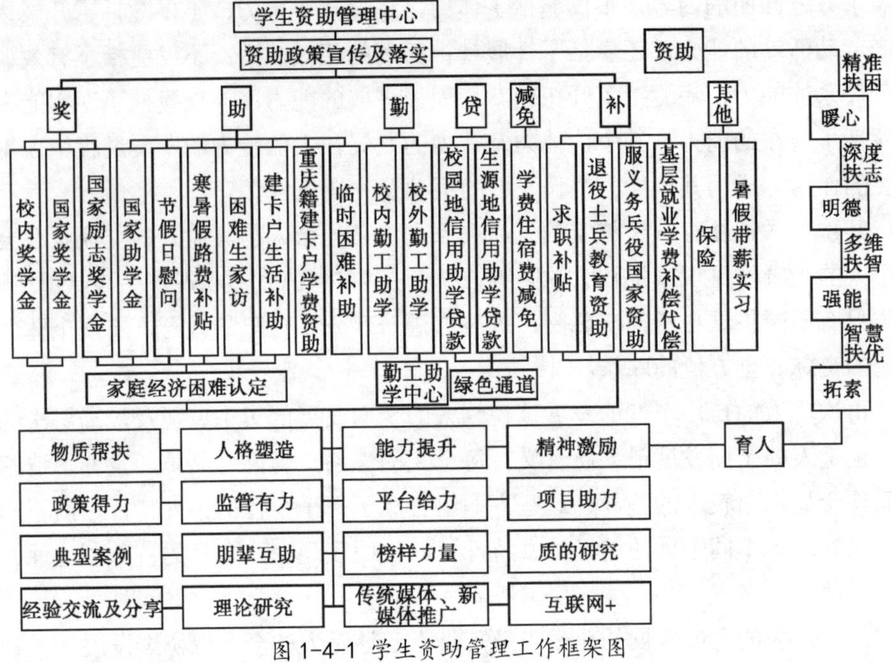

图 1-4-1 学生资助管理工作框架图

一、高校资助育人体系具备思想引导的功能

整体而言，我国高校贫困学生的思想状况始终朝着健康、良好的方向发展。家庭经济困难并不能成为阻碍他们努力奋进、励志图强的因素。然而这并不表示所有高校学生的思想状况均是良好的，这些学生当中仍然有一部分人在思想观念上存在误区。

大学是个人人生发展的关键环节，是个人三观形成的关键时期。施行合理的、有效的教育方式能够不断强化教育的实效性及针对性，指引高校学生不断完善自身的思想观念。高校资助育人体系作为育人的一种主要形式，无论是坚定理想信念，还是厚植爱国主义情怀；无论是培养奋斗精神，还是增强综合素质，都是资助育人的应有之义。大多数学生完全赞成高校资助育人活动显示出了社会主义社会的优越性及国家对人民群体的关怀。这证实了高校资助育人体系具有较强的思想引导功能，这种思想引导功能具体表现在以下两个方面。

（一）引导学生追求自身的人生价值

人们成长及发展的主要动力是不断寻求人生的价值。社会主义市场经济在改善人们物质生活条件的同时，还对人们的精神世界产生了较大的影响。“功利主义”“拜金主义”和“个人主义”等不良观念对人们的思想产生了较大的冲击，高校学生也深受这种时代大环境的深刻影响。我国部分学者对当代青年的思想信念进行了探究，结果发现有 12% 的青年完全肯定青年群体的理想信念，52% 的青年基本肯定或心存质疑，有 36% 的青年持有否定的观点。其中，一半以上的青年主张青年一代过于看重自身的利益及自身的生活理念，显示出物欲化、功利化、现实化的趋向；一部分青年主张青年的理想信念的方向有误；一部分青年认为青年群体未真正践行自身的理想信念。

高校资助育人体系根据时代和社会的转变不断调整政策措施，并设立了科学的、合理的目标来指引高校学生寻求正确的人生价值，主张既要解决学生的实际问题还要解决学生的思想偏差问题。一方面，高校资助育人体系的持续推进实际上体现了我国政府、社会、学校对学生尤其是贫困的关爱，通过资助为学生提供追求更高人生价值的必要条件；另一方面，我国政府、社会、学校等资助者开展的这种关怀行为，也对学生起到了模范带头作用。

高校为品学突出的学生发放奖学金，不仅能够通过奖金资助缓解他们的生活困难，还能够促使他们树立更高远的理想信念，增强他们的学习积极性和主动性。各种社会组织、企业纷纷进行捐资捐款，使高校学生充分感受到社会的温暖及关怀，而企业家回报社会的这种榜样作用又使学生受到了鼓舞和启发，促使他们形成奋发向上的斗志及回报社会的远大志向。除此之外，国家大力推行“捐资助学”“绿色通道”等资助政策，且不断加大支持力度，使高校学生深切感悟到了国家的关怀，进一步调动了他们的学习热忱。

（二）引导学生树立责任意识

实践证实，高校资助育人体系还具有引导学生树立责任意识的功能。这种功能的发挥主要体现在国家制定的针对家庭经济状况不佳学生的资助政策措施当中。例如，享受到国家助学贷款的高校学生在毕业以后若是选择到基层、西部地区或者其他艰苦的行业中工作，这些学生助学贷款的一部分或者全部利息及本金将由国家代为偿还。在这种优惠政策下，越来越多的高校学生将回馈国家作为自身的责任，在毕业以后选择去基层地区、西部地区、艰苦行业中进行工作。

除此之外，一部分贫困学生在接受其他人的帮助以后也会选择参与到资助者的队伍中，去帮助更多的人、传递爱心。由此可见，高校资助育人体系的构建能够充分调动学生的社会责任意识，不仅能够推动学生的健康成长，还能够推动我国区域经济均衡发展的大局。

二、高校资助育人体系具备情感激发的功能

我国各大高校开展的资助育人工作既能够有效解决贫困学生上学困难、中途退学的问题，还能够激励这些学生在学习中投入更多的精力和时间。具体而言，这种高校资助育人体系所具备的精神激励功能主要体现在以下两个方面。

（一）激发学生的爱国情感

高校资助育人体系是我国政府为确保贫困学生享受到平等接受高等教育的机会而制定的。贫困学生作为高校资助育人工作的直接受益者，能够深切感受着国家的关爱。

一方面，高校资助育人体系能够明显增强学生的爱国情怀。当代高校学生基本上出生于社会发展相对稳定的年代中，并未经历过与国家共同奋斗、共同承担的时期，他们对国家的整体认识相对较浅。高校资助育人工作充分发挥资助平台的作用，将爱国情感教育融入解决社会实际问题中，将情感教育、伦理教育融入生活实践中，有效增强了学生对国家的理性认识，调动了学生的爱国情怀。

另一方面，高校资助育人体系的构建还能够引导学生自觉开展正确的、科学的爱国行为。情感的确立往往被视为行为形成的前提条件，而行为的形成又是情感确立的发展要求。具备了爱国情感，爱国的行为也就随之而来。高校参与学生资助的工作人员只需对学生在资助过程中形成的爱国情感进行适当的引导，便能够促使这种爱国情感爆发出惊人的力量，帮助学生自觉养成科学合理的爱国行为。

（二）激发学生的感恩情感

实践证实，高校资助育人工作在为贫困学生提供物质上的资助的同时，还有效增强了他们的国家认同感、民族归属感。

首先，我国各大高校纷纷在高校学生群体中传播国家制定的各项资助政策，使得学生及其家长充分认识到国家资助所发挥的重要作用，使他们深切感受到国家对自身的关怀。

其次，高校从事资助工作的相关人员、辅导员与这些贫困学生进行深入的交谈，关注这些学生的心理状况、身体状况、精神状态等各方各面，并积极鼓励这些学生通过不懈的努力而成人成才，通过思想教育对学生进行熏陶，以思想教育拉动学生行为举动的转变。

最后，高校资助育人体系能够有效增强学生的感恩行动能力。资助育人工作不仅能够为学生提供经济上或者物质上的扶持，还能够增加学生参与社会实践活动的机会。经济上和物质上的资助能够保障学生顺利地完成学业，各种社会实践

活动又能够提升学生的综合素质及各方面的能力。能力及素质的提升不仅能够使学生具备较强的社会适应能力和竞争能力，更好地与社会的实际需求相适应，还能够增强学生感恩行动能力，使他们在未来工作及生活中有更大的能力传输这种感恩情怀，进而开展感恩行动。有相当一部分贫困学生通过勤工俭学、助学贷款等方式顺利完成了学业，使得他们从接受资助到参加工作均能够怀揣感恩社会、回报社会的观念，达到育人的实际成效。

三、高校资助育人体系具备心理疏导的功能

（一）培养学生的健康心理

高校作为学生人生的重要转折点，学生的心理状况、生理状况、外部环境均发生了较大的转变。若学生不能够及时适应这种新的转变，便会催生各种各样的心理问题。若出现的这部分心理问题得不到有效解决，便会对学生的成长成才产生不利的影响。高校开展的资助育人工作作为一种专项资助活动，在培养学生的健康心理方面发挥着重要的作用。

第一，高校资助育人体系能够有效提升学生的自尊心。高校通过对受资助学生进行适当的引导，加之学生自身积极参与到奖学金评定、勤工助学等各类活动中，帮助受资助学生不断意识到自身的价值，进而提升自己的自信心、自尊心。

第二，高校资助育人体系能够培养学生的人际交往能力。通过参与到勤工助学、奖助学金评比等活动中，贫困学生与其他人进行了广泛的交流。通过这种方式，能够有效帮助这些学生敞开自己的心扉，掌握与他人进行交际活动的技能，继而不断改良与其他人之间的关系，增强自身的人际交往能力。

第三，高校资助育人体系能够适当转变学生应对事物的方式。学生广泛参加有偿型的资助活动，在参与的过程中体味到只有付出才会收获一定的回报，逐步转变被动接受资助的心理，继而加强自身的独立观念及自我实现观念。

（二）强化学生的抗挫能力及心理承受能力

通常情况下，每个人的人生并不是左右逢源的。在个人成长、学习、工作、生活的过程中，均不可避免地会遇到各种各样问题。那些抗挫能力比较弱的人通常会被挫折所击倒，一味被动地躲避或者采用比较过激的举动；而抗挫能力比较强的人则会直面各种挫折，最终获取一定的成就。抗挫能力往往属于一种心理承受能力，也显示为一种在挫折及困苦中寻求幸福的能力，还是一种直面挫折的理念。抗挫能力并不是人类出生以后便具备的，而是在反复受挫、实践过程中训练

的结果，需要自身的感触及外界的正确指引。

当代社会中，竞争现象普遍存在，人们逐渐认识到抗挫能力和心理承受能力的重要性。抗挫能力已经成为当代人安居乐业、自我调整的一个主要元素。有相当一部分企事业单位在招聘人才的时候，会对应聘人员的抗挫能力进行测试。大多数高校学生在进入大学之前基本上未受到挫折，也较少涉及抗挫折类的教育，致使大多数学生的抗挫能力相对较差。这就为高校学生心理健康教育提出了更高的要求，持续拓宽工作的载体已经变成高校心理健康教育的一种实际需求。高校资助育人体系的构建为心理健康教育提供了契机及实践的平台。由此可见，高校学生资助工作不仅能够激发学生的学习潜能，还能够培养他们的抗挫能力和心理承受能力。

首先，高校学生的心理波动往往比较大，他们辨别大是大非的能力、自我约束能力等均比较弱，极其容易受到生活状况、学习压力、情感状况等外部因素的刺激。高校从事资助工作的人员、辅导员、相关管理人员应该充分掌握这些贫困学生的主要心理发展状况，采取科学合理的工作方法，有针对性地对这些学生进行心理方面的辅导，为他们的成人成才提供强大的心理支撑。

其次，贫困学生在参加社团活动、各种形式的兼职活动、勤工助学等活动的过程中，通过与其他人进行深入的交际及沟通，不仅能够缓解他们内心的学习压力、生活压力甚至是情感压力，还能够培养他们的人际交往能力。

最后，贫困学生在遇到难题或者打击的时候，辅导员等相关工作及管理人员会对他们进行物质和心理上的帮扶，继而增强他们的抗压能力、心理素质。

四、高校资助育人体系具备素质提升的功能

（一）提升学生的学识素养

伴随着时代的深入发展，社会对人才的需求已经不满足于人们具备某种特定方向的专业性技能，更重要的是要求人们熟练掌握及学会应用不同领域的知识。这事实上也就是“专才”与“通才”之间的内在联系。目前，社会对“通才”的需求越来越强烈，因而各大学校越来越重视培育“通才”。国内及国外已经有一部分高校设置了通识教育课程，便是出于迎合社会的“通才”的需要。然而，这些先进的教学理念仅存在于观念中，我国高校亟须开发学生获取知识的新型渠道，也就是实践的渠道。通过社会实践活动，能够持续开拓学生的学识，加深学生对书面知识的理解，进而提升学生的学识素养。高校资助育人工作中涵盖的实践项目则是开拓学生学识、提升学生学识素养的重要渠道。

一方面，高校资助育人体系能够完善及补充学生的知识构架，拓宽学生的知识领域。知识经济时代最显著的特征便是知识推陈出新的速度非常快。高校所设置的课程架构是在几十年的教学活动中验证得来的，此架构已经较为完整、严谨。然而，快速发展的知识体系导致各大高校仍旧不能完全适应此种变化，即使是最周密的知识架构也不能囊括各方各面的知识，也不能完全满足学生学习及日常生活方面的所有需求。此时，我们应该充分发挥社会实践活动的作用。高校学生资助中的勤工助学已经成为学生参加社会实践活动的一个主要载体，这种活动形式填补了书本知识学习的不足，具有显著的作用。而学生在参与到勤工助学活动的过程中也涉及不同领域、不同学科的知识，能够有效拓宽自身的知识领域，完善自身的知识架构。

另一方面，高校资助育人体系能够有效提升学生的知识层次。社会实践被视为认识的主要来源及目标。学生学习各种知识的最后目标便是用知识来指引社会实践活动，实现自身认识水平的飞跃。目前，在我国高校所开设的教学课程中，理论课程所占的比重较大，比实践课程要多。虽然大部分高校在开设课程的时候，往往添加一部分与专业知识运用相结合的社会实践类课程，然而这些课程在总课时中的比重较小。我国高等教育仍然欠缺指引学生自主探索的平台。一些与知识有关的勤工助学岗位便能够为学生提供一个自主探索的平台，指引学生将课堂上所学到的知识来指导实践活动，使学生在参与实践活动的过程中加深对知识的认识、提升自身的学习层次，进而实现认识的飞跃。

（二）培养学生的综合能力

知识学习虽然是高校生活的一个有机组成部分，但并不是唯一的组成要素。高校是学生进入社会的最终环节，培养学生的社会适应能力也应该被视为高校生活另外一个组成要素。实践证实，资助育人工作能够在很大程度上培养高校学生的社会适应能力。总体来讲，高校资助育人体系所具备的能力培养功能主要显示在培养高校学生的自我调节能力、社会实践能力、人际交往能力三个方面。

首先，与普通学生相比较，贫困学生需要承担的经济负担更大。通过筹划生活及学业中面临的各种困难，无意识中训练了贫困学生的自我调节能力、协调各项事务的能力，进一步培养了他们的努力奋斗、自强不息、力争上游的素养。

其次，高校学生特别是贫困学生在学习知识的同时，还投入了较多的时间及精力在各种兼职活动、勤工助学等各项事务中，通过将学校中获取到的知识和自身已有的经验运用到实践活动中，继而提升了自身的社会实践能力及动手能力。

最后，高校学生在参与各种兼职活动、勤工助学等活动的过程中，与其他人进行了深入的交流和沟通，部分学生还参与到各种爱心社团、志愿服务组织等社会团体举办的各种活动中，在一定程度上提升了他们的人际交往能力和处理人际关系的能力。

五、高校资助育人体系具备品格塑造的功能

（一）塑造诚信品质

当前，社会大众普遍认识到诚信是权衡社会文明程度、社会发展程度的主要标准，也是权衡一个人道德水准的主要准则。自古以来，人们便十分重视诚信的作用。在社会主义市场经济迅猛发展的阶段内，诚信的意义进一步显露出来。从一定角度来讲，市场经济实际上指的是信用经济，而信用则是市场经济发展的不竭动力。高校学生作为未来市场经济的主要参与者，只有持续提升自身的诚信水准，才能够在未来的激烈竞争中赢得一席之地，才能够担负起创建祖国、振兴民族的大任。

目前，一部分高校学生出现在考试中作弊、拖欠国家助学贷款、骗取奖助学金等不诚信现象，为各大高校的德育工作带来了极大的挑战。高校亟须对校内、校外的多种资源进行整合，并积极开拓诚信教育在学校教育中所发挥的作用，依照资助育人工作自身所包含的诚信教育资源来塑造学生的诚信品质显得尤为重要。

一方面，家庭经济困难学生认定工作蕴藏了塑造诚信品质的功能。家庭经济困难学生认定工作是高校资助育人工作最基础的环节，也是最关键的一个环节。把控好贫困学生的认定环节对顺利开展资助育人工作发挥着重要的作用。在开展困难认定的过程中，相关工作人员应该在教育指引的前提下详细核查申请学生的资料，尽可能防止出现不诚信的行为，进而指引学生自觉自发地坚持诚信理念。

另一方面，国家助学贷款也会在一定程度上塑造学生的诚信品格。要想确保国家助学贷款工作顺利的开展，便要求学生始终坚持诚信品格。高校在开展国家助学贷款相关工作的时候，应该对学生进行相应的诚信教育，鼓励学生树立诚信的观念，引导他们关注个人信誉、坚持履行自己的承诺，促使他们诚信还贷。

（二）打造自强品格

由于长期受到应试教育机制的深刻影响，我国有相当一部分高校学生仍然没有建立起自力更生、坚韧不拔的观念。基本上所有的高校学生仍旧理所当然地依赖于父母或者亲朋好友的扶持才能顺利完成学业，而忽略了自身作为一个成年人

应该承担的责任及义务。而大多数高校家庭经济比较拮据的学生自幼便被灌入只要努力学习便能够成才的落后观念，无意识中养成了被动依附的心理。这种心理既会对学生个人的成长成才产生消极的影响，也与社会主义市场经济的深入发展形态相背离，与新世纪社会所需求的复合型人才的要求不吻合。在这种情况下，高校资助育人工作亟须指引学生转变错误的观念，造学生自强不息、独立自主的品质。高校所开展的勤工助学活动便具备了打造学生优良品质的功能。

首先，勤工助学能够指引高校学生养成万事依赖自身的独立观念。勤工助学是学生在学习之余通过自身的努力而获取报偿的一种有效的资助形式。参与到勤工助学活动中不仅不会对学业产生不利的影响，还能够获取一定的报偿，也是学生接受意愿较强的一种资助形式。

其次，勤工助学在很大程度上能够培养学生的生活自理能力。一部分参与打扫卫生、图书管理、学生事务管理等服务性岗位的学生，在为其他人提供各种服务的同时，也能够相应地转变自身不适宜的习惯，提升自我管理的能力；勤工助学不仅为学生带来了一定的经济收益，还能够培养学生自主理财的能力。

最后，参与到勤工助学活动中的学生在遇到难题的时候需要自己解决，这便在无形中提升了这些学生自主进行思考的能力、自主解决难题的能力。因而，高校应该紧紧抓住勤工助学这个抓手，这样不仅能够提升高校育人工作的成效，还能够促使学生形成独立自主、奋发图强的精神，进而推动学生的全方位协调发展。

第二章

高校资助育人工作回顾

第一节 高校资助育人工作的发展历程

我国政府高度重视高校家庭经济困难学生的健康成长成才问题，先后制定了一系列行之有效的资助育人措施。自20世纪90年代开始，我国开始实行助学贷款的资助方式，逐渐形成了不同资助方式相结合的资助体系。国家及高校不仅为贫困学生提供学习上及生活上的帮助，还积极开展了多种卓有成效的教育实践活动，促使贫困学生在顺利完成学业以后，怀揣感恩意识回馈社会。近年来，我国高校资助育人体系不断完善、不断发展，为社会、为国家培养了一大批全面协调发展、品学兼优的优质人才，已经取得了较大的成就。

学生资助和学生资助工作，必须坚持育人导向，将育人作为资助工作的出发点和落脚点。伴随着国家经济建设进程的加快，我国已经初步构建完成了高校资助育人工作的体系及架构，过去，学生资助工作的目标是确保家庭经济困难学生不失学，这一基础目标已基本实现。现在，我们要用发展的眼光全面地、系统地重新梳理定位学生资助工作。政府制定的资助政策也由保证学生不辍学、不退学逐渐向资助育人的方向转变。总体来讲，我国高校资助育人工作先后经历了初步建成、逐步摸索、转型试点、发展改进四个阶段，以下详细介绍各个阶段内我国资助育人工作的发展程度。

一、初步建成阶段

新中国成立初期，我国政府所制定的高校学生资助政策的资助对象主要是工农群众及其子女。此时期，政府明确提出“学校向工农开门”的教育方针，同时还将高等教育的公费制全部转变成人民助学金制。在此之后，我国政府对人民助学金制度进行了多次的调整，使得资助对象、资助比例、资助方式等内容均具备了更加明晰的规定，构建了学生资助制度的具体框架，高校学生资助体系初步建成。

在此阶段内，学生上大学并不需要交付学费，还有人民助学金这种额外的补助。这种政策能够确保贫困学生在上大学的期间并不需要担心经济上的问题，使他们全身心地投入到学习中。与此同时，在我国急切需要各种类型的建设型人才的关键时期，这种资助政策及时弥补了人才不足的问题，在很大程度上助推了我国高等教育的深入发展，助推了整体经济状况、社会的发展。

但需要注意的是，此种学生资助政策也存在一定的弊端。由于新中国成立初期我国政府的财政负担比较大，经济事业有待发展，政府完全承担了高等教育的费用在一定程度上加大了财政资金的支出，加剧了财政负担，导致政府的支付能力出现显著下滑的现象。

二、逐步摸索阶段

20 世纪 80 年代以后，人民助学金制度所提倡的平均主义观念显示出较大的弊端。这是因为市场经济发展过程中，人人已经普遍认可“效率优先，兼顾公平”的观念。因而，我国高校学生资助政策由完全主张“公平”逐步开始向“公平与效率并存”的方向转变。一方面，高校除了招收以往的公费学生以外，还招收了一些自费学生和委培学生，高等教育逐渐走向公费与自费并存的阶段。另一方面，我国政府逐步削减了人民助学金在高校资助体系中所占的比重，添加了“奖学金”的概念，并逐步提升了“奖学金”的比重。80 年代后期，我国取消了人民助学金制度，并开始实行奖学金、学生贷款措施。从这个阶段开始，我国高校资助政策逐步开始摸索更符合国情的资助体系，为下一阶段由单一的资助转变至多元的资助形式奠定坚实的基础，同时也展现了我国高等教育的资助观念也发生了相应的改变。

三、转型试点阶段

20 世纪 90 年代开始，我国摈弃了以往高等教育资助有国家全力承担的观念，制定并开始实施高等教育经费分担政策。在各大高校开始推行收费制度的同时，贫困学生上学困难的社会性问题逐渐显露出来，出现一大批由于无力承担学费与生活费而放弃或终止学业的学生。为解决这种问题，我国于 1999 年开始试行国家助学贷款政策，有相当一部分高校均从中央政府或者地方政府获取了为贫困学生提供无息贷款的基金，在一定程度上解决了学生的学习费用及生活费用。自此以后，我国高等教育资助政策开始实施奖学金与助学贷款相结合的方式，进一步探索构建了“奖、贷、助、补、减”的多元化高校学生资助体系。

“奖、贷、助、补、减”高校学生资助体系的构建在很大程度上减轻了贫困学生上学难的问题，拓宽了受资助学生的范畴，也相应地降低了失学率。然而，这种资助体系也带来了一定的问题。譬如，还款机制不够健全致使出现拖欠助学贷款、助学贷款还款不及时等现象，这些现象均会对奖学金制度的施行产生较大的妨碍。因而，我国相关政府部门需要积极采取措施进一步完善高校学生资助制度。

四、发展改进阶段

2007 年，我国政府发布了针对高校学生资助工作的指导性文件，高校资助政策渐趋完善，标志着我国高校开始建立起“奖、助、贷、补、勤、免、偿”七位一体的资助体系。按照新的资助政策，各大高校纷纷设立三项国家级别的奖助学金；国家助学贷款也细分成两大类，并针对还款违约情况制定了一系列解决的方法。通过一整套完备的资助措施，高校学生资助的体系逐步完善。在此基础上，国家逐步将资助纳入德育工作的体系中，将资助与育人相互结合，逐步构建成高校资助育人新型体系。

目前，我国高校实行的学生资助政策与以往相比有了较大的转变，资助类别更加多样，资助形式更加丰富，资助的范畴越来越广泛，资助力度逐步加大，逐步建成了多元融合的资助体系。然而，在满足了家庭经济状况不佳学生的基本物质需要以后，仅确保不让学生失学的资助观念已经不合时宜，高校资助观念亟须深入创新提炼、顺应时势的变化，寻求更高层次、更高水平的资助目标，构建新格局的资助观念。

第二节 高校资助育人工作的体系构成与案例

一、高校资助育人工作的体系构成

我国经过持续的摸索及实践，已经构建成了整套比较完备的高校资助育人体系，主要囊括了奖学金、助学金、助学贷款、勤工助学、减免学费、学费补偿、贷款代偿等几大类。

（一）奖学金

奖学金是我国高校的一种主要资助方式。奖学金设置的主要目的是嘉奖才学兼备的高校学生，进而鼓励更多学生积极投身于学习事业中，构建良性循环的学习氛围。当前，我国各大高校中设置的奖学金项目主要包含了国家层面设置的奖学金、学校层面设置的奖学金、社会层面获得相关部门准许而设置的奖学金。以国家奖学金为例，针对全日制本专科学生的嘉奖基准是每人每年 8000 元，针对硕士研究生的嘉奖基准是每人每年 20000 元，针对博士研究生的嘉奖基准是每人每年 30000 元。凡是学习成绩突出的高校在校学生均可以申请此类奖学金。

（二）助学金

为帮助家庭经济困难的学生顺利完成高等教育，我国政府在全国范围内广泛推行了助学金制度。助学金往往是无偿赠予家庭经济困难学生的，其资助范围大致为全国高等院校在校学生总数的 1/5。获得助学金的本专科大学生每人每年能够获得 3000 元的资助资金。

（三）助学贷款

助学贷款是由政府主持开展、财政补贴利息的一种专项贷款方式。在实施的过程中，各级教育部门、各大高校、银行等相关机构广泛参与其中。申请助学贷款的学生不需要办理贷款担保或者贷款抵押，只需要承诺在法规规定的期限内还清贷款本金及利息即可，同时还需要承担相应的法律责任和义务。

目前，我国实施的助学贷款项目主要有两大类，一类是国家助学贷款，一类是生源地信用助学贷款。申请助学贷款的学生通过学校或者户口所在地的教育部门向指定银行申请贷款；在校期间，学生不需要承担贷款所产生的利息，利息完全由国家财政来承担；毕业以后，利息由学生本人承担，学生应该按照贷款合同的相关规定分期偿还利息。原则上，本专科学生每人每年最高申请到 8000 元的助学贷款，研究生每人每年最高能够申请到 12000 元的助学贷款。

（四）勤工助学

我国各大高校为了帮助家庭经济比较贫困的学生，为他们提供了各种勤工助学机会，这些勤工助学岗位主要包括助教、助管、助研、兼职辅导员等。学生在业余时间内可以通过参加勤工助学活动来获取一定的资金，同时在参与各种勤工助学活动的过程中，也能够有效锻炼自身的综合素养，提升与其他人进行交际的能力。通常情况下，勤工助学工作应该按照每一位家庭经济困难学生月平均上岗工时原则上不低于 20 个小时为标准测算出学期内全校每月需要的勤工助学总工时数；应该以校内教学、科研、行政管理助理和学校公共服务为主积极开发校内勤工助学资源，统筹安排设置勤工助学岗位，优先考虑建档立卡家庭、最低生活保障家庭、特困供养及孤儿等学生；校内固定勤工助学岗位按月计酬、酬金不低于当地最低工资标准或居民最低生活保障标准，校内临时岗位勤工助学酬金标准原则上不低于每小时12元人民币。同时勤工助学岗位既要满足学生需求，又要保证学生不因参加勤工助学而影响学习。学生参加勤工助学的时间原则上每周不超过8小时，每月不超过40小时；寒暑假勤工助学时间可根据学校的具体情况适当延长。

与此同时，我国各大高校还设置了校园e银行、联络服务中心、家教服务中心等各种学生自己管理的组织，为研读相关专业的学生提供了实习机会及实践机会。例如，家教服务中心在很大程度上规范了师范类院校的家教服务行业，有效减少了各种不安定要素；校园e银行则是各类银行与学校关联的校园代理点，能够为经济学专业的学生提供相应的实习机会；联络服务中心的设置是为了联络新校区和老校区之间的联系，通过为新校区和老校区教师及学生传递办公文件及教学文件的方式，使新老校区的联系更加紧密。

（五）减免学费

我国对公立高校中一部分由于自身经济状况不佳而难以交纳学费的学生实施减免学费政策，尤其是残障学生、孤寡学生、优抚家庭子女、烈士子女等。其中，针对在校月收入水平低于就读高校所在区域最低生活基准、经济状况异常困难的学生，高校免收全部学费，相当于全额资助；针对一般贫困的学生，适当地减收一部分学费。具体减免学费的实施方案，由省级相关部门制定。

（六）学费补偿、贷款代偿

针对自愿参军入伍的有志青年，国家实行了一定的学费补偿及国家助学贷款代偿政策。除此之外，针对那些毕业以后自愿赶赴中西部地区、边远地区从事基层工作的学生，在其服务期限满3年以后，可以享受到一定的学费补偿及助学贷款代偿优惠。

（七）其他类型的资助方式

1. 免费师范生教育

我国在6所教育部直属的师范类高校内推行免费师范生教育。在这6所高校中就读的学生在大学期间免缴学费和住宿费，同时每个月还能够获得一定的生活补助，在很大程度上缓解了这些学生的经济困难现象。在享受国家优惠政策的同时，在这6所高校中就读的学生还必须承担对应的义务，允诺在毕业以后回到生源地从事至少10年的中小学教育工作。免费师范生教育政策的主要目的是增强我国基础教育的师资力量，鼓舞优质的青年教师广泛参与到基础教育各项事业中，进而提升我国基础教育的教学水平及教学质量。

2. 绿色通道

为了确保贫困学生可以顺利入学，我国政府还推行了“绿色通道”政策，保障贫困学生在入学之前、入学之时、入学以后均能够畅通无阻。在具体操作的时候，贫困学生先按照正常的入学程序进行报道，而后向学生申请延缓、减少或者免除学费。在入学的时候，各大高校还为贫困学生提供了相应的优待。第一，通过大礼包的形式为贫困学生提供基本生活用品、学习用品；第二，采取报销来回车费的方法，解决贫困学生的上学路费问题；第三，将国家给予贫困学生的补助津贴直接发放到这些学生的校园一卡通中，帮助学生解决他们的吃饭问题。一系列有效举措在很大程度上缓解了贫困学生及其家庭的经济问题，使更多想上学的贫困学生能够顺利完成学业。

3. 临时困难补助

临时困难补助主要针对的是由于遭遇突发性事件而引发家庭经济困难的学生，这些学生可以通过申请临时困难补助来弥补暂时的经济困难。临时困难补助的实施一方面为学生提供了经济方面的资助，更重要的是为学生提供精神上的慰藉，使学生平稳度过突发性困难，给予学生物质层面、精神层面的双重资助。

4. 隐性资助

隐性资助和上述几种资助方式存在较大的差异性，其主要通过发放基本生活用品和学习用品、发放福利等各种方式，在对贫困学生的自尊心不产生影响的基础上，为他们提供一定程度的帮助，使他们充分感受到社会主义大家庭及学校所带来的关怀。具体而言，各大高校可以在夏季为学生提供防暑降温物品、中秋节时期发放爱心月饼、寒暑假期间慰问留校的学生等各种方法，为学生传递学校的关怀之情。这种潜移默化教育及资助的方式值得深入地开展及探究。

综合以上论述，在当前我国实行的高校资助育人体系中，大部分资助属于经济层面上的资助，且多数为无偿资助，逐步构建了以国家资助为主导、以学校资助为辅助、以社会各方资助为补充的高校资助育人体系。这个相对完备的资助育人体系在很大程度上解决了学生的经济困难，大体上满足了高校学生的基本物质需求。除了经济方面的资助以外，我国在受助生的人格塑造、能力提升和精神激励等方面也投入了较大的精力，努力探索和构建将资助与育人有机融合的高校内涵式资助育人体系。

二、高校资助育人工作的相关案例

（一）中国矿业大学实施“三到位”的学生资助方案

当前，中国矿业大学实施“三到位”的资助措施，确保家庭经济困难的学生能够顺利完成学业。“三到位”主要指的是宣传到位、关注到位、服务到位三个方面的内容。

1. 宣传到位

中国矿业大学积极宣传学生资助相关措施，其实施的宣传方法主要包括以下四种。第一，中国矿业大学在招生简章中详细介绍了学校对贫困学生的资助措施，还借助微博、微信、QQ 等新型沟通手段为学生推送相关的资助措施。第二，中国矿业大学将新生教育前移，为所有被录取的新生免费注册邮箱，通过邮箱定期、不定期为全体新生推送学校实施的资助措施及资助部门的联系方式，以便学生及其父母咨询相关的资助措施。第三，将《中国矿业大学资助工作体系介绍》等相关资助方案附在录取通知书内，一起邮寄给被录取的学生，促使学生深入了解学校的相关资助措施。第四，在暑假期间，安排专门人员值班，负责为被录取的新生及其父母提供咨询服务，进一步宣传学校及国家实施的各种资助措施。

2、关注到位

中国矿业大学积极关注与资助工作相关的各项事务。第一，学校的学生资助管理中心及各个院系做好准备工作，通过“中国矿业大学迎新网”这个信息平台，为学生发布相关的资助政策，并及时公布学校资助工作的开展情况，使学生提前了解学生的各项资助工作。第二，借助“迎新信息系统”，预先统计需要接受“绿色通道”的家庭经济困难学生的相关讯息，并与各个院系实行的“生源地贷款受理证明”相互协调、相互联系，按照统一收取申请资料、统一录入相关讯息、统一发放资助资金的方式展开资助工作，保证回执与录入工作顺利开展。第三，学校重点关注来源于西藏、青海、新疆、云南等特殊地区学生，预先为这些学生提供资助。第四，学校设置专项资金通过“爱心大礼包”的方式为家庭困难学生提供物质上的资助，“爱心大礼包”中所包含的物质主要是一些日常生活用品及学习用品，以解决家庭经济困难学生经济上的窘迫状况，真正实现以真心来关爱每一个学生。

3、服务到位

中国矿业大学各个院系提前规划好场所，设置“绿色通道”相关场所。推行“一卡式”服务，全体入学的新生只需要刷各自的身份证，便能够显示与自身有关的讯息；同时新生还可以申请“绿色通道”，办理的流程比较简单便捷。在新生报到现场，设置了与资助政策相关的展板，包括“绿色通道”展板、学校资助方案介绍展板、助学贷款办理流程展板、资助网站浏览指导展板、勤工助学岗位申请流程展板等，对国家及学校内部实施的各类资助方式进行了详细地接受。与此同时，中国矿业大学还安排专门人员负责办理“绿色通道”入学手续以及生源地信用助学贷款回执的录入工作，并未学生及其父母提供优质的咨询服务，保障贫困学生也能够顺利完成入学手续。

综上所述，中国矿业大学从点滴做起，以人性化的资助举措来帮助学生尤其是新生，确保家庭经济困难的学生也能够顺利完成学业，使学生充分感悟到学校对自身的关怀。

（二）浙江大学实施“五精准”的学生资助方案

当前，浙江大学积极响应国家资助政策的号召，按照学校自身的情况实施了“五精准”的资助方案，以保障资助育人工作的整体实效。具体而言，“五精准”主要包括了对象精准、力度精准、方法精准、培养精准、管理精准五个方面的内容。

1. 方法精准

方法精准是资助育人工作的重点环节。浙江大学积极实施“奖、助、贷、补、勤、免、偿”七位一体的资助方案，遵循有困难先申请贷款、还困难申请勤工助学、表现良好进行减免学费资助准则。在具体实施资助方案的过程中，采取集中资助与分散资助相融合、公平资助与保障隐私相融合、保底资助和封顶资助相融合的方法，关注资助工作的具体操作方法，力争为学生构建公平、稳固的资助环境。

2. 对象精准

对象精准是资助工作的基础环节。浙江大学关注每个学生的实际需求，采取贫困学生评定的特殊办法，以准确辨识亟须资助的学生。具体而言，学校将定性考察学生家庭经济情况、定量分析家庭经济情况有机结合在一起，将初步评定资助对象及动态调整资助对象有机结合在一起，不断完善资助方案，力争资助最需要帮助的学生。

3. 力度精准

力度精准是资助工作的关键。浙江大学按照不同类型学生的不同学习阶段及需要，精准制定了适宜的资助方案，采用精准式资助、滴灌式资助相结合的方法，保障资助活动的准确性。同时，学校还按照学生的贫困等级，设置了三种不同类型的资助包、爱心专项基金、绿色通道等，以便真正解决所有学生的经济问题。

4. 管理精准

浙江大学专门创建了学生工作管理信息系统，确保与学生资助工作相关的事务均能够在网络上办公，有效提升资助育人工作的效率。与此同时，浙江大学还真正做到了全方位、动态化等了解到受资助学生的具体情况，进而为学生实施个性化、高效的资助方案。

5. 培养精准

培养精准是资助工作的核心要素。浙江大学为培养符合社会及国家需求的复合型人才，设置了大学生领导力教育中心、职业发展中心、创新创业平台等10个综合素质训练平台，构建了贫困学生教育实践项目、贫困学生励志成长计划、贫困学生发展型资助实践基地三个专项实践项目，设置了针对贫困学生的对外交流项目，贫困学生通过这类交流项目可以远赴新加坡、中国香港进行交流学习。

（三）佛山科学技术学院实施“四三二一”模式的资助方案

伴随着经济社会的发展及社会对人才需求的转变，传统的保障型资助方式已经不能满足人才培育的需求，完善资助育人体系已经成为各大高校的必然选择。在深入了解国家资助育人工作内涵的前提下，佛山科学技术学院积极实施“四三二一”模式的资助方案，也就是四到位、三创新、二教育、一平台的资助形式，并取得了较大的成效。

1. “四三二一”模式

（1）四到位

“四到位”主要指的是制度到位、管理到位、干部到位、服务到位。资助育人工作任务繁重、工作量较大，各大高校应该按照学校及区域的实际情况来制定相应的工作制度。佛山科学技术学院逐步完善了资助育人工作相关管理制度，已经创建了比较完备的资助育人工作管理体系，明确了资助育人工作的流程。

佛山科学技术学院充分认识到高素质的领导人员是高校资助育人工作顺利实施的有效保障，重点设立了政治素养较高、解决问题能力较强的两支队伍，一支是资助育人工作管理队伍，一支是学生爱心帮扶队伍。这两支队伍的建立能够为贫困学生提供个性化、多元化的资助服务，推动了学校资助育人工作的顺利进行。

（2）三创新

高校资助育人工作最主要的育人内涵便是通过将贫困学生与国家、社会、其他人等各个阶层之间紧密联系在一起，使学生在获得资助的同时深刻感受到外界对自身的关怀，使全体学生养成对其他阶层的精准认识，进而培养学生的感恩意识和责任意识。目前，佛山科学技术学院逐步深化资助育人内涵，主要通过以下三种措施完善了自身的资助育人体系，并取得了一定的成效。

第一，佛山科学技术学院通过长久的探索及实践，并结合资助育人工作的具体开展情况，构建了贫困学生资格评定量化评估体系。该量化评估体系按照学生自身的经济状况、道德资源标准、当地最低生活保障标准等基准，对贫困学生的实际情况进行调查评估，以此来确定贫困学生的名额，在整个评定过程中始终坚持三公原则，显示出科学性、可操作性强的特征。同时，该量化评估体系既确保了资助金额的合理有效分配，还使学生形成对社会、对学校、对他人的感恩，无形中提升学生的感恩意识及诚信意识、社会责任感。

第二，佛山科学技术学院还构建了针对贫困学生的征信系统，为每一名申请国家助学贷款的学生建立了单独的诚信档案，并将诚信档案视为申请各类助学金、奖学金的主要参照。征信系统的建立使学生深刻认识到诚信的重要性，更加关注自己的诚信行为、规范自身的行为，进一步增强了学生的诚信观念。

第三，佛山科学技术学院在整合国家资源、社会资源、学校资源等各类资源的前提下，不仅为贫困学生提供了多种勤工助学的机会，还制定并推动了贫困学生综合素养提升方案。目前，佛山科学技术学院已经开办了2个素质训练营，每年接受教育的学生数量众多。素质训练营关注到贫困学生不喜与他人交流、办公软件使用不佳、自卑、激进等特征，邀请学校内部的优秀教师及社会各个行业的突出人才开办了各种训练课程，具体包括心理训练、办公软件培训、演讲能力训练、素质拓展训练等课程，并为全体贫困学生配置了专门的职业生涯规划导师，进一步调动了贫困学生的内生动力，全方位提高了贫困学生的综合素养及社会竞争力，推动了贫困学生的全面协调发展，真正落实了资助育人工作。

（3）二教育

“二教育”主要指的是诚信教育及感恩教育。为了确保学校资助育人工作的稳步发展，真正实现高等教育育人的最终任务，佛山科学技术学院大力推动诚信教育及感恩教育，力争为全体学生营造积极向上、和谐共助的资助氛围。

佛山科学技术学院主要从两个方面入手来推行诚信教育。一方面，对不诚信的行为举动进行严厉的惩处，将学生申请资助过程中出现的各种不诚信行为如实地填写入贫困学生资格评定、诚信档案等资料中，并对这些学生进行惩处，必要的时候会取消其所获得的奖学金、助学金资格。另一方面，开展形式多样的诚信教育，采取潜移默化的方式对本校学生进行教育，使学生逐步形成诚实守信的优良品质。具体而言，近年来佛山科学技术学院连续开展以“守住你的诚信”为主旨的活动，包含演讲比赛、征信知识讲座、金融知识座谈会、“诚信杯”辩论赛、诚信大讲坛、征信教育片、诚信知识测试、观看诚信主题影片等活动。

感恩教育也是佛山科学技术学院实施的一项重要举措。大多数贫困学生比较独立自主、刻苦努力，但仍然有一少部分贫困学生不务正业、游手好闲，出现逃课、挂科、违纪等不良现象，或者对老师及其他同学的态度比较激进恶劣。面对这种情况，佛山科学技术学院努力创新了感恩教育形式，主要通过以下三个方面来开展感恩教育。首先，学校对贫困学生实施人文关怀，要求各院系的辅导员详细了解贫困学生各方面的状况，及时通过座谈会的形式与这些学生交流谈心，了解他们的家庭经济状况、心理状况、生活情况、学习情况等，并为他们提供及时的、精准的帮助。尽管此项工作的任务繁重，然而却能够收获极佳的成效，使贫困学生真正感悟到学校及教师给予的温暖，使他们真正学会感恩社会、感恩学校、感恩他人。其次，学校规定申请助学贷款的学生每个星期务必参加 1 小时以上的公益活动，使这些学生学会回馈社会的帮助，将感恩观念传播下去。最后，学校还积极组织开展了以感恩为主题的各类活动，包括“自强之星”评比活动、感恩征文比赛、尊师敬师活动等。通过各类活动的开展在全校范围内营造感恩社会、感恩学校、感恩他人的氛围，进而将外部的感恩氛围内化成学生自身的优良品质，促使学生树立感恩意识。

（4）一平台

为了优化资助育人体系、实现育人目标，佛山科学技术学院集思广益、锐意创新，在持续摸索及实践的过程中设置了“在校贷款学生虚拟还款系统”平台。这个平台的创建符合学校自身的特色，也与广东省推行的学生贷款风险教育相适应，具有一定优越性。佛山科学技术学院规定申请贷款的学生在每个月的 10 号至 20 号之间必须登录到“在校贷款学生虚拟还款系统”中进行还款练习，其中大一学生和大二学生练习偿还贷款利息的操作，大三学生、大四学生练习偿还贷款本金及利息的操作；系统会按照该年度内的贷款利率自动生成贷款学生应该偿还的本金及利息。这个平台的创建使贷款学生深刻认识到自己所担负的责任，促使他们及时偿还贷款，有效提高了贷款回收率。

2. 实施“四三二一”资助育人模式的成效

佛山科学技术学院自从开始实行“四三二一”的资助育人模式，便取得了较大的成效。

首先，申请助学贷款的学生的诚信观念逐渐增强。佛山科学技术学院通过推行虚拟还款系统、感恩教育、诚信教育，稳步增强了学生的感恩意识、诚信意识。截至 2018 年，学校到期助学贷款本金及利息违约率均为 0，比广东省甚至是全国的平均违约率要低得多。

其次，贫困学生的综合素养得到了有效提升。佛山科学技术学院通过组织开展针对贫困学生的综合素质训练营等活动，使贫困学生的综合素养得到有效提升，极大地增强了他们的社会竞争力，使学生从内心中养成独立自主、自强不息的意识。在未推行“四三二一”资助育人模式之前，学校内的贫困学生的就业率及所获得工资收入均低于当年平均基准；随着“四三二一”资助育人模式的持续推进，学校内贫困学生的就业率及所获得的工资收入均有了较大的提升，已经比当年平均基准要高得多。除此之外，与以往相比，贫困学生积极参与到各种竞技比赛活动中，并得到了不错的成绩。

最后，佛山科学技术学院所推行的“四三二一”资助育人模式得到了社会各界的广泛认可和接受，该校也接连荣获“广东省助学贷款管理优秀单位”荣誉称号。

（四）清华大学“阳光工程”

2017 年清华大学在“新资助体系”的基础上，进一步升级资助政策，依托精准资助，推出学生资助“阳光工程”，具体包括“红橙黄绿青蓝紫”七个方面的工作。“阳光工程”在做好基本保障型资助的基础上，将着重做好发展性资助，全面支持家庭经济困难学生的国情认知引导、外语能力培训、兴趣特长培育、海外交流交换、职业发展规划等，让他们解除后顾之忧，在清华提供的成长天空里自由翱翔，让每一位同学都能获得一流的发展机会，在七类环境（教室、校园、国内、国际、网络空间、成长社区、家庭）中多样成长，成为又红又专、全面发展，爱国奉献、追求卓越的人才。

1.“党旗红”感恩教育

背景：党和国家高度重视家庭经济困难学生上学问题，近些年中央有关部门密集出台相关资助政策措施，已建立起覆盖学前教育至研究生教育的学生资助政策体系，清华大学也建立起“新资助体系”，从制度上保障不让一个学生因家庭经济困难而失学。

通过聘任“学生资助宣传大使”、开展系列主题活动、建立学生公益实验室等措施，广泛宣传资助范围、资助标准、资助程序等重点政策内容，实施感恩教育、诚信教育，传播“自助·受助·助人”的理念，培养学生的社会责任感、时代使命感。

2.“暖心橙”励学举措

背景：清华大学通过建设“助、勤、奖、贷、补”相结合的新资助体系，实现了“两个全部”的工作目标——覆盖家庭经济困难的全部学生，以及家庭经济特别困难学生的全部基本求学费用。十年来，清华学生资助总额增长了 62.2%，人均获助学金额度从 2312 元提高到 6438 元，8000 余名在校家庭经济困难学生获助率达 100%。同时，助学贷款（含临时借款）在资助总额中的占比从 44% 下降至 12%，大大降低了学生毕业后的还贷压力。

在继续完善以“校友励学金工程”为支柱的“新资助体系”的基础上，清华大学还将从 2017 年起设计建设新的勤工助学体系，面向创新创业、自立自强的育人目标，进一步加大投入，优化整体设计，引入优质企业资源，突出学生自主性，让学生在校期间得到更加充分的锻炼成长。

3. “黄土黄”国情认知

背景：清华大学有着开展社会实践的优良传统，每年近 7000 名本科生在暑期走到神州各地进行参访观摩、国情调研、服务建设。

以社会实践为载体，让学生了解国情省情、感受真实世界，在服务社会中增强分析和解决实际问题能力，构建家国情怀、感知中国力量。在这一过程中，对家庭经济困难学生开展社会实践的项目培育、立项支持、专业指导、总结交流等关键环节，明确引导方向，加大支持力度，增进他们的国情认知和文化自信。

4. “新草绿”入学通道

背景：1998 年清华在全国高校率先开设新生入学“绿色通道”，对被录取入学且家庭经济困难的新生，学校一律先办理入学手续，然后再根据核实后的情况，分别采取不同办法予以资助。随后又不断完善，将支持范围从学费、住宿费拓展到生活费、来校路费，将覆盖人群从新生拓展到高年级学生，绝不让一名学生因家庭经济困难而失去学习机会。20 年来共有 5294 名学生借款 3326.72 万。

2016 年起，对来自建档立卡户、农村低保户的学生，以及农村特困救助供养学生、孤残学生、烈士子女、家庭遭遇自然灾害或突发事件等特殊情况的学生，一一登记在册，并为其订制覆盖大学四年的资助方案。

5. “新青年”能力发展

背景：调研发现，家庭经济困难学生往往在英语、计算机、高等数学等课程学习上存在一定问题，以及沟通表达、团队合作、组织协调等能力方面存在一定的不足。同时，学校 50% 本科生有海外访学经历，40% 是一学期以上的长期项目，但本科生出境很多海外交流交换项目只解决部分费用，一些学生因为经济原因放弃了这些成长机会。为此，学校专门拨付资金，支持家庭经济困难学生的全面发展。

2017 年起，清华大学启动实施家庭经济困难学生海外交流“鸿雁计划”，培养学生的全球胜任力，包括但不限于学术科研类的海外研修、实习实践类的海外交流、学习培训类的海外课程等，以及学生自己联系的海外交流机会。学校将根据项目原有支持情况和学生家庭经济状况给予充分的支持。在继续实施鸿雁计划的基础上，投入专项资金，面向家庭经济困难学生的发展能力开展专项培训，包括学业辅导、表达训练、兴趣培育、职业发展指导、心理关怀等，形式包括工作坊、座谈会、分享会等。

6.“蓝海蓝”文化拓展

背景：2001 年 9 月 7 日，在清华大学主楼接待厅举行的“好读书奖学金”捐赠仪式上，杨绛先生宣布将钱锺书先生和她自己著作的稿酬、版税捐赠给母校清华大学，设立“好读书奖学金”资助和鼓励家境清寒又勤奋好学的学生。

依托钱钟书先生和杨绛先生所设立的“好读书奖学金”和清华学生“好读书协会”，以培养读书习惯、促进读书交流、共获成长新知为目的，开展读书讲座、读书沙龙、读书笔谈、读书实践等活动，打造清华校园读书的网络社区和网下社群，并通过公众号运营和活动辐射，形成具有传播力的清华读书文化。

7.“清华紫”校友支持

背景：清华大学从 2006 年起发起“校友励学金”工程，鼓励毕业生通过捐赠励学金的方式与在校困难生互相帮助，十年间共有 2.7 万人次校友参与其中，捐赠自己的日常工资与收入，捐赠总额占全校资助总额的三分之一。近年来，很多当年受助的年轻校友也加入其中，将清华精神代代传承。

在继续募款做好“校友励学金”工程的同时，扩大校友参与，通过结对子、设立因材施教培养项目、线上线下开展讲堂、共同对学生家访等方式，邀请校友参与对家庭经济困难学生的成长指导。

第三节 高校资助育人工作的主要成就

高校所开展的德育工作从本质上讲便是教导学生做人的工作。将立德树人融入思想道德教育、文化知识教育、社会实践教育各环节，从这个意义上讲，德育工作应该围绕学生来开展，积极为学生服务，不断提升学生的思想道德素养、文化素养，进而为国家、为社会培养各方面协调发展的复合型人才。这实际上高度概括了高校德育工作在培养人才方面所发挥的重要作用及地位，也是对高校德育工作的根本价值的总结。

为实现立德树人的教育目标，高校资助育人工作在深入探寻及完善学生资助机制的基础上，还应该重点从育人方面展开工作，不仅要充分发挥资助工作对资助对象所产生的积极影响，还应该充分发挥资助工作在育人成才方面的显著作用。目前，我国高校学生资助政策日渐完备、资助力度逐年加大、资助育人体系逐步规范化，资助育人的理念逐渐深入人心，同时在拓宽德育教育渠道、减轻贫困学生的心理压力、激发学生爱国情怀、鼓舞学生的创新精神、推动学生健康成长等方面取得了比较突出的成就。

一、资助政策日渐完备

早在我国古代，人们已经关注到资助育人的重要性，部分士大夫捐资助学的事迹比比皆是。新中国成立以来，我国政府始终坚持科学技术优先发展的策略，教育事业的重要性逐步提升。随着社会经济发展水平的提升及教育模式的不断完善，我国高校学生资助政策也得到了相应的调整及完善。上文中已经提到我国高校学生资助政策历经了初步建成、逐步摸索、转型试点、发展改进四个发展阶段，最终形成了“奖、助、贷、补、勤、免、偿”七位一体、多元化的资助政策体系。

高校学生资助政策充分展现了教育公平的理念。21 世纪以来，我国政府更为关注贫困学生的教育问题，为了推动教育公平，相关部门陆续制定了不同类型的资助政策。为了提升我国高等教育的水平及质量，确保每位高校学生均能够顺利完成自己的学业，我国相关部门制定了各项针对高校学生的资助政策。与此同时，为了保障高校学生资助政策的实效性及针对性，我国政府及各大高校纷纷建立了较为完备的保障机制。目前，我国不仅建立由中央政府到各大高校的五级领导管理体系，用于筹划及统领落实高校学生资助政策，还制定了各种与高校学生资助政策相配套的实施策略。例如，我国政府及高校严格规范助学金的名额分配、评定标准、评审公示、发放监督等各个环节。

二、资助力度逐年加大

教育的公平性集中反映了社会的公平性。近年来，我国政府不断完善高校学生资助政策，有效保障了每名贫困学生平等接受高等教育的权利。特别是在在精准扶贫的大背景下，中央政府极为关注针对高校学生而开展的资助育人工作。为了不断优化资助育人的成效，近年来我国政府不断加大了对高校学生的资助力度。具体来讲，我国政府加大对高校学生的资助力度主要体现在以下三个方面。

第一，我国政府所制定了各项政策措施越来越关注高校学生的资助育人工作。各项决策中均强调了要不断完善高校学生的资助形式，提升对贫困学生的资助力度，以使高校学生的资助育人工作全方位覆盖到全国各个家庭经济困难学生的身上，进而提升资助水平，推动教育公平。

第二，我国政府更加关注高校资助育人工作所发挥的作用。为了响应国家精准扶贫的工作，教育事业率先施行了教育扶贫的措施。高校资助育人工作在教育扶贫发展大局中扮演着重要的角色，担负着培养人才的重要责任。为此，我国教育部门制定了针对教育扶贫的指导性文件，明确指出将提升学生的资助水平作为落实教育扶贫政策的一个主要任务，逐步实现以加大对高校学生的资助力度来拉动区域脱贫脱困。

第三，我国高校资助育人工作在平稳中不断谋求新的发展。从助学贷款这项措施来看，本科生及专科院校学生的资助贷款金额从每人每年 6000 元提升至每人每年 8000 元。与此同时，我国各大高校始终坚持开展农村贫困地区定向招生计划，为农村生源地学生进入重点高校提供了更大的平台和更多的渠道，成功落实重点高校农村生源招生比例 10% 的目标；国家为教育事业的投入也适当地偏向于中西部地区，推动了中西部地区教育事业的又好又快发展。

伴随着高校资助育人体系的逐步完善及深化，学生资助的形式得到了相应的改善，贫困学生在入学初期带着相关的贫困证明材料便能够顺利办成入学手续。同时，我国政府部门不断加大对资助育人工作的财政支持力度，通过多个渠道、多种方式筹集了大量的资助资金；目前，我国高校学生的资助覆盖面及资助力度与以往相比有了极大的提升。按照全国资助管理中心公布的各项数据，2018 年全国用于高校学生资助的金额中，中央财政占比 28.31%、地方财政占比 17.79%、高校事业收入占比 24.22%、银行等金融机构发放助学贷款占比 28.30%、社会团体及个人捐资等社会资金占比 1.38%，所有资助类别的金额与 2017 年相比均有较大的提升。

通过统计相关的数据，我们可以直观地看到历年来我国普通高校学生资助情况，如表 2-3-1 所示。从表格来看，2018 年全国高校资助发展报告显示的最新情况，针对高校学生的资助总金额达到了 1150.3 亿元，增幅 9.48%，资助学生达 4387.89 万人次。通过比对 2012 年至 2018 年高校学生的资助情况，我们可以发现我国高校学生的资助总额、资助人数、人均受资助金额均逐年增加。

表 2-3-1 全国普通高校学生资助情况统计（截至 2019 年）

年份	资助总额（亿元）	增长金额（亿元）	增长幅度	资助人次（万人）	人均受助金额（元）
2012	547.84	33.16	6.44%	3824.70	1432.37
2013	574.11	26.27	4.80%	3724.07	1541.61
2014	716.86	142.75	24.86%	4064.25	1763.81
2015	847.97	131.11	18.29%	4141.58	2045.11
2016	955.84	107.87	12.72%	4281.82	2232.32
2017	1050.74	94.90	9.93%	4275.69	2457.47
2018	1150.3	99.56	9.48%	4387.89	2621.53

三、资助育人体系逐步规范

（一）资助育人的理念逐步确立

科学有效的资助理念能够为高校学生资助工作提供有力的理论支撑及方向指引。各个阶段内所制定的资助政策及实践活动均应该自觉与科学有效的资助理念相吻合，资助理念既是各项高校学生资助政策及育人体系构建的出发点及立足点，还能够指引高校资助育人各项实践活动。在相当长的一段时间内，教育学界对高校资助工作持有不同的观点，通过查询相关的资料及调查研究，我们可以看到以往的资助理念仅仅关注到物质上、经济上的资助，并未关注到对学生精神上、能力培养方面的有效引导。为了保障每位贫困学生不会因为经济拮据的因素而放弃学业，我国政府制定了一系列与之对应的保障措施，例如国家助学贷款、绿色通道等，高校通过这些措施来落实“学生不因贫困而失学”的资助理念。

进入 21 世纪以来，伴随着高校资助育人政策的不断完善及资助力度的持续加大，我国高校的资助工作大体上确保了不让学生由于贫困而放弃学业。目前，我国社会的发展速度大幅提升，社会竞争日益加剧。在这种背景下，贫困学生所面对的已经不是单纯的经济上、物质上的贫乏，而是精神上、能力上的渴求。高校所依据的资助理念也逐渐由单纯的物质扶持、经济扶持转变成暖心、强能、明德和提素的多维度发展型资助育人理念。高校在将学生的德育教育渗透入资助工作的同时，还重视对学生各方面能力的培养，既为学生提供物质上、经济上的帮助，还重视对他们精神上的关怀及各方面能力的培养。大多数高校通过长时间的实践摸索，不断使资助工作的重心转向精准资助和资助育人的方向，极大地丰富了高校资助育人的内容及理念，大幅提升了资助育人的力度。例如，部分高校坚持实行阳光助学的资助理念，主张将资助、人才培养紧密连接在一起，将物质上、经济上的资助和能力培养紧密连接在一起，以完善育人的模式。部分高校从实践过程中总结出了他助、自助和助人的“三助”育人理念。其中，他助指的就是社会机构、个人、学校老师、同学全方位地对贫困学生进行帮助，这种帮助囊括了物质层面、精神层面、能力层面上的帮助；自助指的是贫困学生通过参与到勤工助学、就业创业等各种发展型活动中，进而实现自身的成长成才；助人则是指通过参与到各种社会志愿服务活动中，促使学生感恩他人、回馈社会。

（二）资助流程逐步规范

规范的资助流程能够确保高校资助育人工作的实效。我国每年均会针对高校资助工作投入大量的资金，然而由于物价水平的不断提升及高校办学成本的逐年增长，学生所面临的生活压力、学习压力逐渐加深，高校用于资助育人的资金仍旧不充足。近年来，高校内贫困学生的人数逐年增加，在这种现实状况下能够分配到每一位受资助学生手中的资金相对有限。资助资金的不充足更是要求我国政府要不断规范资助育人工作的操作流程。只有确保资助评定、审核过程的公平性、公正性，才能够防止出现非贫困学生有意占用资助资金的现象，进而帮助真正需要帮助的贫困学生。

从新中国成立以后，我国政府已经关注到对高校学生的资助工作，并在多年的探索过程中逐步完善了高校学生资助政策措施，当前我国各大高校内已经基本构建了一整套完备的资助工作流程。具体而言，高校学生资助工作流程主要包含了五个步骤。第一步，宣传国家制定的各项资助政策，在评定之前通过多种宣传途径及方式为学生详细讲述各项资助政策，保证每位学生对资助内容均有了深入的了解，指引学生做好资助申请之前的各项准备；第二步，结合国家制定的资助政策和高校学生的具体情况，制定易于操作、符合教育公平理念的评定标准，并及时将所制定的评定标准公布出来；第三步，提倡符合评定标准的学生积极并自愿递交申请资料；第四步，组织成立由学院领导、辅导员、班级成员组成的三级评定小组，各级评定小组通过调查及严格的审核，确定评选上的人员名单并及时公布评审结果；第五步，发放资助资金。这里需要说明的是，在资助评定工作的各个环节中，均应该坚持监督反馈的原则。

我国地方教育部门也针对高校学生资助工作流程制定了具体的实施方法。譬如，广西教育厅发布的资助政策性文件中便对国家助学金的评审流程进行了明确规定。具体而言，首先是贫困学生提供相关贫困证明材料；其次是二级院系的辅导员对学生提交的材料进行仔细审核确认，并将审核结果汇总提交给学校资助管理中心，由学校资助管理中心进行比对筛查；最后是教育厅主管部门进行最终核查。除此之外，国家助学贷款作为一种主要的高校学生资助政策，其申请流程关系到银行、各大学校、政府相关部门、学生等多个环节，因而国家相关职能部门已经制定了相应的指导性文件用于规范及完善助学贷款工作的流程。经过长时间的实践与探索，我国国家助学贷款工作也逐步形成了比较完善成熟的工作流程。

四、受资助学生素养显著提升

（一）拓宽了贫困学生的德育渠道

高校资助工作不能仅停留在经济资助层面，而应更多关注家庭经济困难学生长远发展并改变其家庭命运，找准病根，科学安排资助项目，促进家庭经济困难学生全面发展，将他们培养成为新时代社会各项事业的建设者和接班人，最终实现立德树人的根本任务。我国政府向来十分关注贫困学生的培养问题及教育问题，并承诺绝对不会让一个贫困学生因为经济问题而失学或者辍学，这显示了我国政府及社会、学校对贫困学生的深切关爱及高度重视。

伴随着高校学生资助政策及资助体系的完善，越来越多的高校学生从思想上、观念上达到对国家的价值认同，从内心中感触到现行社会制度的优越性，进而坚定了构建社会主义伟大事业的决心和信心。这种深切感悟不仅是高校资助育人工作的主旨，也是从育人角度来领悟和解决资助问题的核心。目前，我国大多数贫困学生已经具备了优良的思想品质，积极响应国家制定的各项方针政策，具备了积极进取、努力拼搏的优良品质。但值得注意的是，仍有一部分学生由于贫困的现状而衍生了一些负面问题，例如价值观念上出现“唯金钱论”的现象，使得他们极易被其他心存不良的人利用；由于受到阴暗心理的影响，一部分学生对国家产生了负面的情绪，出现思想散漫、自信心不足、思想观念落后等问题。

高校资助育人工作紧紧抓住上述问题的关键，引导受资助学生对国家的国情形成正确的、合理的认识，促使学生理性地看待社会发展过程中出现的各种不良现象，正确认识当前社会中存在的各种经济问题，将扶贫与扶志、扶智紧密联系在一起，鼓励学生树立克服困难、自强不息的信心及勇气，加强高校学生对国家及人民的热爱，坚定构建美好家园、回馈社会的信念及决心。

（二）减轻了贫困学生的心理压力

作为高校思想政治工作质量提升工程的“十大育人”体系之一的“心理育人质量提升体系”，旨在充分关注学生的心理健康教育，着重培养学生的优良品质及心理品质，强化高校学生战胜困难、承受考验、抵抗挫折的能力。而高校资助育人工作作为“十大育人”体系之一，不仅有效解决了贫困学生经济上的困难，还开展了诸多行之有效的心理教育疏导活动，使贫困学生及时释放自身的压力，进而改正自卑、抑郁的心理，提升对自我价值、自我能力的认知，提升奋发向上的决心。贫困学生作为高校学生的一个独特群体，其心理状况急切需要社会各界的关注和解决。

贫困学生在特殊的环境中成长起来，他们中的大多数人往往比较内向、孤僻、自卑，欠缺与其他人进行交流的勇气及信心。刚刚进入校园以后，外界环境的变化、自卑及自尊的复杂性格特征、欠缺人际交往的自信等问题逐渐出现。若高校不采取措施及时疏导这些学生的不良情绪，使学生尽快摆脱这些不良的心理问题，便会对这部分学生的成长成才产生负面的影响。高校资助育人相关政策及体系的不断完善，能够有效减轻贫困学生的心理压力，提升实现自我价值的信心。譬如，高校广泛施行了“绿色通道”政策，增强了学生爱上学的观念，促使他们逐渐具备上学的动力；经济上和物质上的资助能够使学生在遇到突发性困难的时候不胆怯、不惊慌，安稳的度过各种困难时期；学校设置的隐性资助使那些心理比较敏感的学生感受到国家给予的温暖；勤工助学类的社会实践活动又能够让贫困学生充分发挥自身的能动作用，学会与其他人进行有效沟通，进而构建优良的人际关系。与此同时，在参与到勤工助学活动的过程中，学生也提升了自身的能力及各方面的素养，为毕业以后更好地融入社会中、实现自我价值创造了有利条件。

（三）培养了受助学生的家国情怀

高校学习及生活阶段是人们形成正确三观的关键时期，通过高校资助平台能够强化德育工作的实效性及针对性，进而使全体学生在面对社会中各种诱惑的时候坚持自己的初心，树立正确的思想意识、社会责任感，在接受资助以后真正做到积极进取、回馈社会。贫困学生往往来源于经济发展水平相对落后的偏远地区，大学毕业以后一些学生并不愿意重新回到自己的家乡进行工作，他们渴望能够留在大城市中深入发展。高校实施的资助政策使贫苦学生享受到了平等接受高等教育的机会，使这些学生深切感受到社会各界对自身的关怀及关注，无意识中便会激发他们的爱国情怀、集体观念。

在感悟到社会各界对自身的关爱的同时，也会进一步调动学生的感恩意识，在无形中使他们形成社会责任感，促使他们努力学习知识及各项技能，以便未来能够以最佳的姿态回馈社会，将自身所接受到的资助一代代传输下去，将感恩观念延续下去。例如，一部分免费师范生由学校毕业以后选择回到生源地从事相关的教育工作，便是感恩观念、学以实用、回馈社会的最佳诠释；部分学生在毕业以后坚决果断选择到条件艰苦的偏远地区进行工作，进入基层来施展自己的远大志向，也是一种特殊的建功立业方法；还有一部分受到资助的学生由于自身享受到其他人的帮助，当自己有能力去帮助其他人的时候，便会积极加入公益事业中，帮助更多需要帮助的人，将爱心活动传达给更多的人，进而在全社会范围内形成关爱他人的良好氛围。

（四）激发了贫困学生的创新精神

高校学生具备了一定的创新精神，便可以在以后的发展过程中不断开辟新的道路、新的发展领域。高校资助育人工作便是通过多种类别的资助形式，来激发受资助学生的学习积极主动性及开拓创新精神，进而实现自身的全方位协调发展。

通常情况下，贫困学生才能出众、刻苦好学，却由于家庭经济状况不佳而导致他们在成长的过程中接受教育的条件比较欠缺，极易在学习及生活上对自我的价值产生否定。高校资助育人工作便是通过行之有效的资助措施来深入挖掘这些学生的潜力，最大程度上激发他们的创新精神。例如，国家励志奖学金便是专门为德才兼备的贫困学生而设立的，目的是鼓励这些学生积极进取、努力奋进。

当前，我国各大高校纷纷实行了奖学金制度，贫困学生一旦获得奖励，便能够充分认可自己的学习能力，同时感悟到优异成绩所带来的喜悦，进一步调动他们学习的积极性和主动性。奖学金的获得要求学生具备优异的学业成绩，能够获得奖学金的学生往往是依靠自身的努力学习、勤奋踏实得来的，同时奖学金也是对他们在学校期间的学习成绩、行为表现的认可及肯定。奖学金是一份特殊的荣誉，能够鼓舞学生更加努力、更加主动地学习知识、探索知识。这种精神层面上的鼓舞比物质上的资助所发挥的作用要大得多，能够让这些贫困学生感受到精神层面上的认可及满足，进而调动他们对知识学习的渴求、对转变自身命运的急切需求。与此同时，学生资助平台为贫困学生提供了工作及参与实践活动的机会，能够促使他们积累丰富的实践经验，提升战胜现实困难的能力，在很大程度上提升了他们的创新思维能力，这对于贫困学生来讲是十分难能可贵的，能够对他们的成长成才发挥巨大的推动作用。

（五）提升了贫困学生的整体素养

目前，我国高校各项学生工作始终坚持立德树人的根本要求，并以培养各方面协调发展的学生为教育活动的主要任务。高校资助育人工作事实上是通过资助的方式促使贫困学生对自我有正确的认识，不断激发自身的潜力，不断增强自身的竞争观念，完善自我的品格，进而养成拼搏向上、努力进取、明礼诚信的优良品质，更好地与社会发展的实际需求相吻合。高校资助育人工作在塑造学生的感恩他人、自力更生、自强不息、诚实守信等优良品质方面发挥着积极的推动作用。与此同时，高校资助育人工作还有效提升了贫困学生的整体素养，使他们更加适应社会的发展变化。助学金、国家助学贷款、奖学金等相关资助工作的开展也在无意识中验证了高校学生诚信观念。资助育人工作紧紧抓住这个发展契机，对学生进行及时的引导，通过开展诚信教育、感恩教育等活动，促使学生树立诚信意识和感恩意识。

在申请奖学金和助学金的过程中，全体学生积极进取、努力拼搏，形成了一种良性竞争局面，这些优良的品质既是贫困学生应该学习及培养的优良品质，还应该是全体高校学生需要具备的优良品质。这些优良品质的养成不仅能够促使高校学生形成正确的自我认知，不断弥补自身的不足，还能够在全校范围内甚至是全社会中营造优良的学习氛围，指引全体学生积极探究学业、发奋图强。除此之外，贫困学生通过广泛参与到勤工助学的活动中，从小事情做起，在各个相关岗位中训练自己的能力，提升自身的综合素养，踊跃参与到各种社会实践活动中，不仅能够促使自身在经济上、物质上获得相应的支持，改善自身的学习条件和生活条件，还能够提升自我的整体素养，为未来的就业奠定牢固的基础。

第四节 高校资助育人工作的存在问题

高校资助政策的实施在很大程度上帮助大多数贫困学生解决了经济上的拮据现象，已经得到了社会各界人士的广泛认可和接受。然而，随着社会的不断发展及高校招生人数的不断扩充，当前高校实行的资助模式仍旧存在过分注重经济上、物质上资助的现象，而忽视了价值体系、思维方式、知识架构等综合能力的提升，在注重学生身心健康方面也存在较大的缺陷，这就导致高校学生资助工作并未完全实现立德树人的目标，导致一部分接受资助的学生欠缺必要的感恩之心及诚信品格，自身的志向不甚高远，并未采取报效国家、回报社会及他人的行为举动。我们应该充分认识到上述问题的严重性，坚持从本质上解决上述问题的观念，在以后的工作中采取积极的措施来解决这些问题。

一、资助对象认定的精准度有待提高

随着我国高校教育体制的完善，国家对高校资助育人的扶持力度逐年增长，按照教育部官方网站上发布的数据，我们可以看到 2018 年我国针对高校学生的助学贷款总额达到了 325.54 亿元，用于资助高校学生的资助总额达到了 1150.3 亿元，从整体上讲基数已经相当大。然而高校中家庭经济状况不佳的学生的人数也在逐年增长，根据上文提到的数据来看，2018 年高校贫困学生的人数已经达到了 4387.89 万人次，申请资助的贫困学生人数众多、来源地广泛，为贫困学生的界定带来了极大的困难。高校资助育人工作若想达到高效的运转及实际效用，应该对资助育人的对象进行精准地辨识，进而精准地投入相应的育人资源，这实际上是实现育人成效的基础环节。但是在实际操作的过程中，因为困难认定的标准尚不完善，加之负责资助工作的人员数量不足，导致在资助评定的过程中衍生了非贫困学生受到资助等诸多不良现象。一项关于是否存在非贫困学生获得资助的调查统计显示，有 28.37% 的人主张这种现象在高校中较为普遍，49.01% 的人主张仅有数量较少的非贫困学生受到了资助，13.82% 的人主张自己周围有相当

一部分非贫困学生享受到了各种国家资助。

现阶段，大多数高校在辨识资助对象的时候，主要采用了申请学生提交相关证明材料、学校逐层核查的方法。这种评定流程看似比较合乎规范，然而因为评定的标准并不健全、评定的依据也比较简单，事实上还是导致一部分不合乎评定标准的学生占用了资助的名额。

一方面，困难认定的指标体系不健全。现行的贫困学生的评定标准将家庭人均月收入、用于教育的开支是否高于全部收入来源、是否能够维持学生基本的生活及学习活动作为评判的主要依据。高校中大部分学生来源于不同的省市，区域经济发展水平原本就存在较大的差异，加之学生在学校内的消费状况并不能够进行精准地量化考察，若单纯按照家庭收入及消费水平进行衡量不可避免会出现一定的偏差。

另一方面，困难认定的依据比较简单。大多数评议小组人员仅仅将学生提交的家庭经济状况证明及各式各样的困难证明材料作为评定的主要依据，对贫困学生的认定欠缺一定的科学性。高校内从事资助工作的人员由于受到地域广泛、经费稀少、人力成本过大等因素的制约，基本上不会对这部分申请学生进行实地的核查，即便是有实地走访，在走访人数上也是屈指可数的。除此之外，作为开具贫困证明的生源地民政部门原本应该严守职责、认真核实，却通常因为人情、关系而难以做到严格把控，使得提交给学校的贫困证明资料的可信度有待考证。学校与地域、与学生自身之间的信息出现不吻合的现象，进而为贫困学生的评定带来了较多的不确定因素，这种现象在很大程度上导致了资助对象辨识的不精准。

二、资助育人措施的针对性有待提升

当前，我国政府实行的资助育人措施的针对性有待提升。具体来讲，国家对贫困学生的现实诉求了解并不到位，忽视了精神方面的育人；资助名额和经费存在“一刀切”的分配方式；忽视了受资助学生创新精神和实践能力的培养。

（一）忽视精神方面的育人

贫困学生不单单承受着物质层面上的贫困，还普遍存在着精神层面上的疑惑。目前，我国已经建立起较为完备的“奖、助、贷、补、勤、免、偿”多样化的资助体系，在一定程度上有效缓解了贫困学生在物质方面的困难，然而欠缺与之匹配的精神教育体系。高校在实施资助育人工作的过程中，往往会集中于物质层面上的资助，而对学生精神方面的教育则比较落后。因而，大多数贫困学生的心理问题比较突出、精神方面的压力也比较大，通常会将自身封闭起来，更有甚者还会出现极端观念。按照相关调查结果，我们发现有 48.2% 的调查对象主张在接受资助时受到的精神教育比较一般，有 9.03% 的调查对象主张并未接受相应的精神教育。由于精神教育层面上的投入不足、评定环节把关不严谨、后期监管并未跟上，导致一些学生在申请资助的过程中欺上瞒下、做小动作，更有甚者拉拢其他人来争取选票，这些不文明的现象显示出这些学生欠缺一定的诚信意识。国家的助学贷款项目原本是为了帮助上不起学的学生顺利地完成学业，然而一部分学生在毕业以后却有意拖延偿还贷款，大肆挥霍国家给予个人的资助资金，他们并未认识到自身应该满怀感恩之心并回馈社会，欠缺必要的社会责任感及刻苦努力、自强不息的精神。

我们应该认识到资助仅仅是一种手段，育人才是学生资助工作的最终目的。我国高校所开展的资助工作并不能将资助与育人完全割离开来，应该避免资助活动沦为一种欠缺精神教育的机械性活动。

（二）分配资金和名额存在“一刀切”现象

当前，我国针对贫困学生的资助政策欠缺一定的针对性，在资助资金和资助名额分配方面仍旧存在简单的划比例、“一刀切”的现象，并未能对民族院校、以农林水地矿油核等国家需要的特殊学科专业为主的高校、家庭经济困难学生多的高校予以适当倾斜。从高校的层面上讲，并未能统筹考虑不同专业、不同年级、学生经济困难程度等因素，使得所采取的资助措施出现一定的偏差。从国家的层面上已经开始意识到这个问题了，2018 年 10 月底教育部最新的家庭经济困难认定工作指导意见中将建档立卡家庭经济困难学生、农村低保家庭学生、农村特困救助供养学生、孤残学生、烈士子女以及家庭遭遇自然灾害或突发事件等特殊情况的学生列为困难认定中考虑的特殊群体，可见这已是当下资助工作中迫在眉睫急需解决的问题。

（三）忽视受资助学生创新精神和实践能力的培养

当前，我国在培养受资助学生的创新精神和实践能力方面仍旧存在一定的缺陷。各大高校并未能引导和帮助受助学生制定成长规划方案，也很少在资助育人工作中拓展育人途径、搭建育人平台，极少为受资助学生创造和提供多样化、个性化的能力提升项目和锻炼机会，这就导致受资助学生很难享受平等发展的机会，直接影响了进一步提升受资助学生的实践能力和创新精神的实效。

一方面，对受资助学生创新精神的培育力度不够。具体来讲，当下各高校的人才培养方案并未注重学生专业教育与创业创新教育的有效融合，也没有从注重知识传授向注重创新精神、创业意识和创新创业能力培养的方向转变；并未对受资助学生进行个性化教学和辅导；也未能通过论坛、讲座、设置创新项目等措施来挖掘受资助学生的潜力，这就导致我们在鼓励受资助学生进行个性发展和独立思考等方面存在一定的不足。

另一方面，对受资助学生实践能力的培养力度不够。目前，动手能力和实践技能是人才培养过程中较为薄弱的环节，也是今后提高人才培养质量的一个切入点和突破口。然而，各地各高校在校企合作方面存在不充分的现象，缺乏实习实践、创新创业实践的平台和机会，这就导致受资助学生没有更多的机会参加各类社会实践活动，其社会实践能力也并未得到有效提升。

三、资助工作“重政策轻成效”

（一）在资助宣传上重政策轻成效

当前，我国政府及各级高等院校在资助宣传工作方面大多数都是围绕国家、各级政府和校内等各级各类的资助政策展开的，主要是针对资助范围、资助标准、资助程序等重点政策性内容，目的也旨在将扩大资助政策的知晓度和覆盖面。在此方面，当前确实取得了不少成绩。然而在宣传政策的同时，却忽略了资助政策落地后的执行的效果和育人实效性宣传，让我们的资助宣传在内容上比较单一，效果也不够显著。为此，为了能让我们的资助宣传工作更有血有肉、更加鲜活具有说服力，应该在继续注重政策宣传的同时，围绕“诚信、感恩励志和社会责任”加大资助工作成效宣传，以成效促进步，以实例推育人；利用榜样力量，着重报道受资助学生的优秀事迹并鼓励广大寒门学子积极参加各类资助育人的主题活动，树典型传正能；在开展日常资助宣传的同时，每年围绕一两个主题，有针对性地开展专项宣传活动，努力办出特色、树立品牌。

（二）在资助工作中重政策轻成效

通过几十年的探索，当前我国高校的资助工作已经构建了较为完备的资助体系，囊括了助学金、奖学金、助学贷款、减免学费等各种类型的资助项目。五花八门、花样繁多的项目原本的目的是为高校中家庭经济状况不佳的学生提供全方位的资助服务。多年我们一直将工作重心放在了学生资助政策的制定，内容及执行程序上的健全和不断完善，各级各类的资助政策从无到有，执行程序从有到细，然而对于这些政策的具体实施和落地实效如何，却似乎在意的太少。这致使我们的工作多关注于资助数量，却忽视了资助的质量问题。资助育人工作实际是以经济帮扶为基础，通过能力提升、心理疏导等各种方式最终促成受助生成长成才，成就未来。从高校资助育人体系这个整体来看，资助仅仅是一种具体的实施手段，育人才是高校资助工作的最终目标及任务。因此高校资助育人工作的顺利开展还应该关注对资助育人工作实施成效的监督考核，注重学生受助后学业、能力等各方面的变化。精准考核是检验、督促高校资助育人有效开展的手段和必然要求。

我国部分学者对监督育人机制构建的成效进行了调查，相关调查结果发现有63.78%的学生主张其监督育人机制所产生的成效一般，12.07%的学生主张所构建的机制并不完善。一些高校虽然已经建成了相应的考核制度，然而评估的指标及原则异常的单一，单纯将物质上的资助作为评估所依据的主要考核指标，基本上未涉及精神上及思想状况上的评估，也基本上未真正考核育人的实际成效，体现一个学生的成长过程。

四、资助育人举措有待创新

（一）高校资助育人平台的质量相对较低

近年来，我国政府持续加大对高校资助育人工作的扶持力度，使得资助育人机制化、育人平台的专业化建设得到了一定的进展。截至2018年底，国内大部分高校均成立了相对独立的学生资助管理中心，目的是设置一个专门部门来具体管理资助政策的宣传、资助评定的管理、受资助学生的再教育等工作。学生资助管理中心原本应该积极承担资助育人的重要责任，然而现实的状况远远没有预期中的效果。根据相关调查，大部分高校所设置的资助中心未配置足够的工作人员，所使用的设备也比较老旧落伍，信息化配备严重匮乏，仍然使用以往那种落后的资助模式，国内各大高校的资助中心的质量存在较大的差异性。

资助中心网站是一种在线资助育人平台，学生通过这个网站可以获取到相关的资助信息，该网站还是开展资助评选公示、诚信教育、感恩教育的一种主要渠道。通过在网页中访问全国一部分高校的资助中心，我们发现各大高校的资助中心从整体上讲建设的比较完备，然而一部分高校资助中心的网页长时间未更新，主页中仅展示了基础的政策措施及文件下载渠道，基本上未涉及育人方面的信息。一部分高校的资助中心网址并不能进行访问，证实了这些学校日常工作中并未对该网站进行必要的维护及管理。除此之外，心理健康咨询中心也是高校资助育人的一个主要平台，也存在建设水平不够高的现象。心理健康咨询中心所开展的日常心理辅导活动数量较少，基本上是通过选修课、重大节日两种途径进行集中宣传教育，只有极少数的咨询中心会主动对贫困学生进行心理辅导，也未采取积极的措施来预防学生的心理问题，大多数中心只有在贫困学生的心理问题严重到一定程度的时候才会对其进行相应的疏导教育。

（二）对学生的实际需求了解不到位，忽略造血式育人的功效

根据相关调查，我们发现有 56.1% 的学生希望在资助育人工作中获取学业上的指导，58.4% 的学生希望获得技能方面的培训，60.1% 的学生希望获得就业方面的指导，仅有 48.2% 的学生希望获取物质方面的资助。在高校资助育人是否能够满足学生生存发展需求的调查中，有 37.2% 的学生认为基本能够满足自身的需求，10.2% 的学生认为并不能满足自身的发展需要。由此可知，目前高校资助育人工作虽然在物质资助方面取得了一定的进展，然而对受资助学生深层次的培养方面还有待进一步提升。

为了有效降低由于经济困难而导致的失学率，我国政府还制定了“奖、助、贷、补、勤、免、偿”为主的多元化资助体系，在一定程度上也凸显了教育公平的理念。政府制定的各项资助政策的出发点是依靠物质资助这种方式来解决贫困学生面临的实际困难，帮助他们树立发奋图强、自强不息的精神，鼓舞他们通过自身的努力来获取全面的发展。但是，高校学生资助政策的这种深层次蕴意在地方政府及高校中并未得到有效的落实。根据调查，真实的资助工作大部分是选用输血式的资助方式来解决贫困问题，欠缺造血式育人的理念及行动。大多数高校实行的资助工作形式是将奖学金、助学金按时按量发放给每一位需要帮助的贫困学生，来缓解他们当前所面临的经济问题，属于一种比较典型的输血式资助形式。尽管这种资助方式也取得了一定的实际效用，极大地减轻了贫困学生的经济压力，然而高校应该实行的勤工助学、创业帮扶等造血式育人方式的地位逐渐被弱化。一些贫困学生自身不求进取、止步不前，出现了等待他人帮助、依靠他人资助的消极观念，输血式资金的发放只会导致这些学生更加享受当前的收获，一旦遭遇到挫折和困难便会轻易被打倒。有相当一部分贫困学生不仅存在经济困难方面的问题，还出现了能力不够、综合素养不高、心理问题尖锐等突出问题，他们急切想要提升自己但是却无能为力，高校资助育人体系的构建更需要关注学生的发展型需求，通过素质拓展、技能培训来提高学生的综合能力，真正促使这些学生牢固自尊自爱、坚韧不拔的意志，并获取自立自强的能力。造血式育人才能够从根本上帮助到这些贫困学生，这也是高校资助育人体系的内涵所在。

（三）育人方法较为单一，成效甚微

高校资助育人工作要想顺利完成立德树人的目标，便需要不断丰富扩充教育的内容、拓展育人的方式。但是依照相关调查，目前我国有相当一部分教师花费了大量的时间及精力在评选资助对象上，并未真正关注到育人的内容及方式。调

查结果还显示，有 40.1% 的学生认为学校的育人内容异常乏味且对自身没有吸引力，43.2% 的学生认为育人的内容并未显示出实际的作用，有高达 52.7% 的学生认为育人的形式比较老旧，还有 34.5% 的学生认为采取灌输式的说教会产生相反的效果继而引发学生的反感。学生们的观点是对高校资助育人工作最直接的、最正面的一种评价，他们的观点也证实了我国高校资助育人工作的育人内容及方式需要进一步完善与补充。

近几十年的高校教育实践活动证实了与学生的发展型需求相适应的育人内容及方式会对高校资助育人工作的实际成效产生较大的影响。从目前我国高校资助育人工作的现状来讲，从事资助育人工作的相关人员特别是辅导员，为了保障奖助学金发放的公平性、合理性，重点对申请学生的利益进行协调均衡。这些工作人员即使认识到应该在资助过程中对学生的精神状况、思想观念等方面加以教育引导，然而由于自身精力有限或者自身素养不够，并不能采用科学有效的育人措施。

一方面，这些工作人员忙于日常的事务性工作，并未充分理解学生的实际需求，他们所开展的育人工作主要关注到物质层面上的资助。这些工作人员善于利用奖学金、助学金、助学贷款等方式来帮助困难学生，尽管这些资助方式可以有效解决学生物质方面面临的问题，然而极易导致学生产生等待他人帮助、依赖他人帮助的不良观念。一部分辅导员会对贫困学生进行针对性的心理辅导，然而学生不单单有物质方面的需求，还具有精神层面、能力培养、创业就业层面上的需求，因而高校应该通过心理健康教育、理想信念教育、价值观教育等多种方式来对学生进行教育，不断完善资助育人的内容。

另一方面，我国高校育人的方式较为单一。目前，仅有极少数教师能够真正采用多元化的德育教育方式来对学生进行教育，灌输式说教的方式仍旧是当前使用频率最高的一种育人手段。在现实的工作中，大多数教师会采用组织班会、开展讲座等方式，为学生传输、解读与资助相关的政策，针对单个学生或者集中式的说教不仅会使德育教育显得枯燥乏味，还会导致资助育人的感召力大幅下降。教师及学生作为德育教育活动的双重主体，学生不仅是接受教育的对象，还应该是教育影响力的传播者，对教育活动产生一定的助推作用。高校资助育人作为德育工作的一个有机组成部分，贫困学生不仅是接受资助及教育的主要对象，事实上还是具有独立思想的主体。因而，高校不应该采取单一式的说教教育，而是应该始终坚持使用情感式教育、情景式教育的方式来育人，转换思想，提升学生的主人翁意识，提高体验感和参与度。

五、资助工作队伍建设有待加强

目前，我国各大高校资助育人队伍的建设相对滞后，与新时代资助育人精准化建设的步伐存在较大的差距。根据相关调查，有24.3%的学生主张所在学校的资助育人队伍建设比较滞后。由此可知，高校资助育人队伍建设方面还有较大的上升空间。

（一）高校资助育人队伍人员不够

依照我国教育部门指定的与高校资助工作管理相关的指导性文件，我国各大高校应该加强对资助育人队伍的建设，并依照学校的编制情况适当地对资助管理人员的数量进行调整，理论上应该依照1:2500的比例来配置。然而现实的执行状况与政策上的要求存在较大的差距，一部分高校即便配置了专门从事资助工作的人员，配备的数额也与标准相差甚远。根据相关调查，大多数高校内配置了1—2名专职的工作人员，其他相关的资助工作人员均属于兼职性的。一部分学校甚至直接将专职资助人员的工作下发给一线的辅导员来具体执行。我们都知道辅导员是高校中从事学生德育教育工作的主要力量，然而大部分高校中配备的辅导员数额并未达到标准的要求，人员的严重匮乏也会对资助育人的成效产生不良的影响。

（二）高校资助育人工作人员的综合素养不达标

当前，高校资助育人工作人员的综合素养并未达标。从高校资助管理人员的聘用来看，欠缺合理的、科学的聘用标准及专业要求，一部分高校并未严格把控资助育人工作人员的聘用，新聘用的工作人员尽管有相当一部分人来源于名校，自身的学历层次相对较高，然而他们中的大部分人欠缺一定的敬业精神及岗位所需的特殊素养。部分人员仅仅是周而复始的执行资助日常工作的内容，将大量的时间及精力花费在对具体事务的管理上，并未对受资助学生进行德育方面的教育。高校资助育人往往被视为一种系统化、精细化的工作，既要求从事资助工作的人员对国家制定的资助政策、高校的工作细则及工作流程有深入的了解，还能够与学校相关职能部门进行有效的对接，同时还应该具备优良的运用网络信息技术和一定的工作科研、研判能力。然而目前大部分资助机构中的工作人员，网络信息技术的能力相对较弱，仅仅会操作一些简单的办公软件，欠缺对大数据信息进行处理的能力；对资助育人工作的整体研究水平也有待提升。培训是提升知识技能的一种主要手段，然而针对高校资助育人工作人员的相关培训体系也不够完善，大多数人并未接受相应的技能培训，造成自身精力耗费过大、工作效率极度下降，最终导致资助育人并未受到预期中的成效。

（三）高校资助育人工作人员的流动性相对较大

根据国家资助管理中心的相关调查，我国大部分高校的资助育人岗位与其他工作岗位相比显示出较大的流动性，特别是在民办三本高校中这种现象尤为严重。调查显示，我国某所学校中资助中心的工作人员在一年的时间内更换了四次。造成这种大变动现象的原因主要有两个。

一方面，由于高校广泛施行行政岗位轮岗的制度，一部分资助工作人员通过2—3年的训练，刚刚能够轻车熟路地处理资助育人相关工作，便被抽调至其他的工作岗位中，新调来的人员还需要相当长的时间来适应这个工作岗位。此种现象导致高校资助育人工作出现较大的不确定性。

另一方面，高校缺乏与资助育人工作相配套的工作人员晋升奖励机制。高校的资助育人队伍通常任务繁重、责任重大，其工作关系到全体学生群体的利益问题，承担着沉重的工作事务，心理方面也承担着较大的压力。繁重的具体工作已经耗费了他们大量的精力和时间，导致他们并没有过多的时间及精力进行研究，他们的科研成果与其他教师相比比较少，因而难以在职称评定中得到肯定。除此之外，一部分学校中设置的资助中心作为学生工作部（处）的一个基本职能部门，其等级在学校的行政部门中相对较低，从事资助工作的人员若想要往上晋升显得异常困难。根据相关调查，大多数在高校资助中心长期工作的人员仍旧属于科级职员，只有少部分人员能够顺利晋升至处级干部。

六、资助工作信息化建设有待提速

当前，我国施行的资助工作的信息化建设有待提速，具体来讲，一方面，目前国家搭建的全国全国高校学生资助管理信息系统已经运作了两年有余，该平台包括了高校、普通高中、义务教育和学前教育四个子系统。高校资助子系统中涵盖了资助业务管理、综合查询、综合报表、日常办公和系统管理几个板块，其中资助业务管理板块是高校资助工作中使用最多的，包含了学生信息管理、资助项目管理、财政资金管理、信息查询、统计报表和政策文件。该系统目前要求各高校要在规定的时间内完成在校生信息、家庭经济信息、毕业生信息、困难认定、国家奖助学金、各类政府资助项目和校内资助项目等各项数据的上报工作，系统可以通过简单的数据整合呈现“困难学生占在校学生的比例”“受助困难学生占困难学生比例”和“受助困难学生占在校学生比例”等的环状图。2018年11月教育部全国学生资助管理中心对全国学生资助管理信息系统2018年第一期建设与应用进展情况进行了通报，对我国 31 个省（区、市）、5 个计划单列市、新疆生产建设兵团、黑龙江省农垦总局资助系统建设与应用进展情况进行了详细的展示。此举也是教育脱贫攻坚、规范学生资助管理，努力实现资助数据零误差，进一步推进精准资助的重要举措之一。

全国学生资助管理信息系统为国家采集贫困学生的信息和各类资助数据，提高工作效率和数据精准度起到了重要作用。然而该系统目前仅是简单的数据上报和整合，比如部分地区的使用率比较低、高校与政府之间无法实现数据的共享和信息的互联互通，这离真正意义上的信息化建设还有一定距离。未来资助工作信息化建设在建立高校与市、区县教委、财政、民政、人社、扶贫、残联等部门之间的联动机制，整合、打造数据和资源共享平台，实现高校资助育人工作的“大数据 +”时代的互联互通，提升资源利用率上仍需要下大力气。

第三章

高校资助育人工作的国际比较

为帮助高校学生顺利完成自己的学业，世界各个国家及地区均按照自身的发展状况制定了相应的资助措施。经过几十年的发展，世界各个国家及地区逐渐形成了具有自身特色的高校资助育人体系。其中，美国、英国、日本、澳大利亚、新加坡五个国家作为高等教育高度发展的国家，所制定的高校资助育人体系相对比较完善，显示出法制化、规范化的特征。而我国的高等教育仍处于快速发展的关键阶段，更应该学习及效仿这些国家先进的高校资助育人工作模式，进而健全及完善我国的高校资助育人体系，为高校学生提供更优质的服务及更广泛的资助。

第一节 美国高校资助育人工作

美国高校学生获取到的资助资金主要来源于联邦政府、州政府及高校。其中，联邦政府对高校学生的资助占据了最大的比重，这种发展趋势也成为我国相关学者的研究侧重点。然而，各方学生对美国高校学生整体资助情况的关注略显不足。近年来，美国各大高校针对学生的资助资金逐年增长，在社会资助体系中的比重也逐年提升。从资助的情况来讲，联邦政府对高校学生的资助占总资助的一半以上，州政府对高校学生的资助所占比重较小，而高校对学生的资助比州政府要高。高校资助育人的对象也发生了相应的改变，将资助重点转向学业成绩突出、竞争力较强的学生身上，而这部分接受资助的学生并不是全部来源于家庭经济困难的家庭，这导致社会大众对此种资助方式产生了一定的质疑。因而，对美国高校资助育人工作机制进行研究，并深入了解这种资助模式发生转变的原因，将会对我国高校资助育人工作机制产生一定的借鉴。

一、美国高校资助育人体系的构成

目前，美国高校对学生的资助方式主要囊括了助学金、助学贷款、联邦工读计划、教育税收优惠计划四大类。其中，助学金、助学贷款、联邦工读计划是美国教育部直接为高校学生提供财政资助的方式，教育税收优惠计划则是采用间接手段为高校学生提供资助的一种措施。

（一）联邦政府提供的资助

20 世纪 40 年代以后，美国联邦政府先后制定了一系列针对高校学生的资助法案，逐步构建了以学生贷款为主要措施，以助学金、奖学金、联邦工读计划、联邦税收补贴等形式为辅助的联邦政府学生资助体系。

1. 助学金项目

助学金实际上是一种包含赠送性质的资助方式，往往按照学生经济方面的需求来进行发放，联邦政府广泛为高校的学生提供了助学金。联邦政府往往通过教育部来对高校学生提供经济上的资助，广泛在各个高等院校中设置了联邦助学金，如表 3-1-1 所示。

佩尔助学金是由美国教育部集中拨付款项的一种资助形式，此类资助并不需要偿还。获得此类资助的高校学生每个学期最高能够获取到 2775 美元的资助，每个学年最高能够获取到 5550 美元的资助。

补充教育机会助学金是针对高校学生额外需求的一种资助方式，此类资助的对象主要是家庭经济困难的高校学生，接受此类资助的学生最高可以获取 4000 美元的资金。此类奖学金优先考虑接受佩尔助学金或者联邦工读计划资助的学生。

大学和高等教育教师教育助学金也是最常见的一种资助方式，接受资助的学生每年最高能够获得 4000 美元的资助资金。按照相关的规定，接受此类助学金的学生在毕业以后应该到为家庭经济困难学生提供教育的中小学中担任教师。如果学生在毕业以后并未按照相关规定履行自己的职责，那么其以往所获得的资助资金将按照斯塔福德无补贴贷款来偿还，贷款利息则从其获得助学金的日期开始算起。

表 3-1-1 美国教育部所制定的联邦助学金

联邦助学金类别	资助的对象
佩尔助学金	在经济方面有一定需求的高校学生。
补充教育机会助学金	家庭经济困难的高校学生；优先考虑获取佩尔助学金和联邦工读计划的学生。
大学和高等教育教师教育助学金	家庭经济极其困难、攻读中小学教师相关课程的高校学生；应允毕业以后赴亟须教师的学校担任至少 4 年的全职教师，或者应允在为家庭经济困难学生提供特殊服务的教育机构中任职至少 4 年。
伊拉克和阿富汗服务助学金	父母或者其他监护人是美国军人或者是“9·11”事件以后在伊拉克和阿富汗中执行军务而牺牲的美国军人。

2. 助学贷款项目

美国联邦政府、州政府、高校及私人机构往往都设置了助学贷款项目，以便为高校学生提供经济上的帮助，帮助他们顺利完成高等教育。其中，美国联邦政府为高校学生提供的助学贷款在总体助学贷款中所占的比重较大。这是因为深受经济危机的制约，美国联邦政府在国民经济中逐渐发挥主导作用。

具体而言，联邦政府所设置的联邦助学贷款项目主要有三大类，分别是威廉•D. 福特联邦直接贷款和联邦帕金斯贷款、联邦学生父母贷款，如表 3-1-2 所示。其中，威廉 • D. 福特联邦直接贷款项目是美国规模最大的助学贷款项目，该项目由美国教育部直接推进，具体囊括了直接贴息贷款、直接无贴息贷款、研究生和学生家长贷款、合并贷款几个分类。在这种资助模式下，高校学生直接向教育部申请贷款，省略了银行、担保机构等各种资助媒介，有效降低了高校学生贷款的成本及贷款拖欠偿还率。而联邦帕金斯贷款则是美国联邦政府借助高校平台为学生提供贷款的一个项目。联邦学生父母贷款主要是由联邦政府出面担保、商业银行负责出具资金及管理的一项贷款措施。此类贷款的申请对象为学业成绩突出、信用良好的学生，每年能够贷款的最高金额是该学生的教育成本减去学生所获得的其他资助的额度，采取浮动利率的措施。在这种贷款模式下，贷款的出借人均为高校。这里需要说明的是，未特意表明本科生或者研究生的贷款项目适用于高校内的全体学生。

表 3-1-2 联邦助学贷款的具体类别及申请对象

<table>
<tr><th colspan="2">类别</th><th>申请的对象</th></tr>
<tr><td rowspan="4">威廉 • D. 福特联邦直接贷款</td><td>直接贴息贷款</td><td>在经济方面有一定需求的高校本科生。</td></tr>
<tr><td>直接无贴息贷款</td><td>在经济方面没有需求及攻读专业学位的本科生、研究生。</td></tr>
<tr><td>研究生和学生家长贷款</td><td>攻读专业学位的学生、研究生和本科生的父母。</td></tr>
<tr><td>合并贷款</td><td>高校学生可以将与自身情况适宜的多种联邦助学贷款合并为一种贷款。</td></tr>
<tr><td colspan="2">联邦帕金斯贷款</td><td>家庭经济困难的高校学生。</td></tr>
<tr><td colspan="2">联邦学生父母贷款</td><td>学习成绩突出学生的家长。</td></tr>
</table>

3. 奖学金

美国联邦政府所制定的奖学金主要考量到学生的学业成绩，并未考虑到学生的实际经济状况。具体而言，奖学金主要囊括了罗伯特 • C. 伯德荣誉奖学金、全国科学奖学金、保尔 • 道格拉斯教师奖学金三大类。这些奖学金主要用来嘉奖学业成绩突出的学生。

4. 联邦工读计划

根据相关数据显示，联邦工读计划为高校学生提供的资助资金在资助资金总数中所占的比重低于 1%。在这种资助模式下，联邦政府将资助资金发放给各大高校，由各个高校依照自身的情况为具有经济方面需要的在校学生提供兼职的平台，并为他们发放相应的工资，鼓励学生通过自身的努力来获取经济上的收入，进而填补自身的经济不足。高校为学生提供的兼职工作不仅可以在学校内部，还可以在学校外部，兼职工作的内容主要是与学生所学专业有关或者社区服务类型的工作。其中，学校外部的工作往往是由公共机构或者非营利性质的机构组织开展的与公众利益相关的工作。

5. 教育税收优惠计划

教育税收优惠计划也是美国针对高校学生所实行的一个项目。这个项目设置于 20 世纪末期，历经 20 余年的发展，在美国高校学生资助总额中所占的比重逐年增加。具体而言，教育税收优惠计划囊括了学费抵税、课税扣除及储蓄计划三大类。其中，学费抵税主要指的是高校针对学生制定的学费可以与税款相抵；学费抵税又囊括了美国机会学费抵税、终身学习学费抵税两大类，美国机会学费抵税适用于本科生及其家庭，终身学习学费抵税更适用于研究生及未攻读学位的学生，这两类学费抵税措施不可以同时获得。课税扣除主要是通过减免应该缴纳的税额来降低税收的一种资助措施，主要囊括了学杂费扣除、学生贷款利息扣除等八种措施。而储蓄计划主要是采用增加投资收益的方式来帮助学生家庭为其以后的大学费用预留资金的一种资助方式。储蓄计划所筹集的资金往往被用来支付受益人的教育费用。储蓄计划实际上包含了州政府的 529 大学教育储蓄计划、科弗代尔教育储蓄账户两大类。

（二）州政府为高校学生提供的资助

从 1970 年开始，美国联邦政府开始鼓励州政府在力所能及的范畴内为高校学生提供一定的资助，并为州政府所设置的助学金项目提供了与之匹配的资金，推动州政府各项资助措施的发展。目前，美国各个州政府至少设置了一种助学金项目。

以宾夕法尼亚州为例。该学校所提供的助学金基本是由州政府全额出资的，而高等教育援助署主要负责为学生发放助学金。接受资助的对象主要是高校内的学生，并且应该是该州的居民。根据相关规定，学制为四年的学生最多能够获取到八个学期的助学金，学制为两年的学生最多能够获取到四个学期的助学金。同时，除了助学金以外，宾夕法尼亚州州政府还制定了一系列具有针对性、目的性的资助方案，例如宾州国民警卫队教育援助计划、宾州特定产业资助计划、宾州政府工读计划、高等教育伙伴计划、聋哑人助学金计划、中学后教育基金计划等。这些资助方案的资助对象具有一定的共性，例如必须是该州居民、所就读的学校具有一定资质、学业成绩达到一定的分数、没有拖欠联邦学生贷款等。

（三）高校为学生提供的资助

美国各大高校纷纷制定了相应的资助项目，除了针对家庭经济困难学生的资助以外，还为才学兼备的学生设置了奖学金。例如，宾州州立大学中本科生获取到的奖学金金额在学校奖学金总额中所占的比重为7%，获得奖学金的本科生人数在本科生总数中占据了21%。本州居民及他州居民平等地享受获取此类奖学金的机会，获得此类奖学金的学生每个学年能够获取到1500～3200美元的资助资金。宾州州立大学设置的助学金所资助的对象是本科生，且学生平均绩点必须是2.0以上。此类助学金的作用主要是资助贫困学生，然而因为资助金额十分有限，并不能资助全部家庭经济困难的学生。

（四）社会团体为高校学生提供的资助

除了联邦政府、州政府及高校以外，美国的各类社会团体、基金会等非政府组织也为高校学生提供了经济上的帮助。美国部分企业设置了专门的奖学金，例如制药工程师协会、美国教师国际联盟等职业协会所设置的奖学金，国际青年商会、扶轮社等地方市民团体或组织所设置的奖学金。这些社会团体所提供的资助基本上是直接发放给学生，也能够由学生所在的高校负责为其发放资金。宾州州立大学中大概有20%的新生能够获取到这类奖学金。

综合以上论述，联邦政府、州政府、高校、非营利性组织和私人机构等各个组织机构为学生提供了各类资助，以便帮助这些学生及其家庭解决经济方面的困难，所实施的资助方式种类多样，各种资助方式所资助的对象也有一定的差异，这些种类繁多的资助方式共同组成了美国的资助育人体系。除此之外，美国联邦政府还将助学金、助学贷款和联邦工读计划三者组合在一起，通过这种资助组合的形式为学生提供资助。同时，高校对这些资助方式进行科学合理的分配，使得每个需要资助的学生均获取到相应的资助，在很大程度上保障了美国高校学生所获取资助的公平性、科学性。

二、美国高校资助育人工作的主要作用

（一）推动教育公平

教育公平是高等教育持续发展需要坚持的基本原则，其主要是指全体社会成员均有平等接受高等教育的机会及权利，其核心的概念是教育机会均等。一方面，美国联邦政府通过教育立法的方式，从法律法规的角度出发保障了全体公平平等地接受高等教育的权利；另一方面，美国联邦政府建立了相对完备的高校资助育人体系，为贫困学生及其家庭提供了各种形式的资助，这种资助方式在很大程度上保障了全体公民平等地接受高等教育的权利。

（二）保障高等教育的质量

美国高校资助育人体系不仅为贫困学生提供了经济上的资助，帮助他们顺利地完成自己的学业，还通过嘉奖品学兼优的学生，为其他学生树立了学习的榜样。这种资助形式关注到资助工作的动态转变过程，异常关注资助工作的成效，因而其对学生的学业成绩及各方面的表现提出了新的要求。如果学生没有达到接受资助的要求，那么他们将会受到一定的警告，更有甚者还会失去继续获取资助的资格。通过此种方式，美国高校资助育人体系在很大程度上保障了高等教育的质量。

美国各大高校也在持续验证及研讨高校资助育人体系在学生选择学校、坚持完成学业方面所产生的影响，以便及时了解高校资助育人体系存在的问题，进而采取措施调整学生奖助学金的数额、学生贷款及勤工俭学等各类资助方式的比重，同时指导学生及其家庭科学利用学费减免等方式，进而帮助学生顺利完成高等教育，并为学生做出科学合理的判断提供相应的指导。

三、美国高校资助育人工作对我国的启示

为了资助贫困学生解决接受高等教育所面临的经济问题，美国联邦政府构建了以联邦政府为主体，州政府、高校和社会组织广泛参与，多样化资助方式并存的高校资助育人体系。在这种资助模式下，资助的对象并不相同，资助的目标比较明晰，资助方式多种多样，资助层次合理科学，具有一定的借鉴价值。通过高校的合理化、规范化管理及分配，既有效拓展了高校学生资助的范畴，还顺利实现了资助的目标，在很大程度上满足了不同学生的实际需求。这些成功的经验为我国构建完备的资助育人体系提供了一定的实践经验及启示。

1. 扩大资助面及资助金额

佩尔助学金是美国高校学生资助工作的基础。近年来，美国政府不断提升佩尔助学金的金额，基本上实现覆盖全体高校学生的 37%，全体学生平均获得的资助金额提升至 4000 美元，最高获取金额提升至 5700 美元，并制定了按照“消费者价格指数 + 1 ”的速率持续稳步增长的方案。

从我国高校学生资助工作来看，近年来，获取国家助学金的学生数量在所有高校在校学生总数中的比重始终维持在 20% 左右，人均年均资助标准由 1500 元提升至 3000 元。国家励志奖学金主要用来嘉奖才学兼备的贫困学生，接受此种资助的学生人数在所有高校在校学生总数中的比重为 3% 左右。目前，我国高校中的贫困学生人数相对较多，考虑到物价急速增长等现象，我国高校学生资助工作还应该持续完善，在国家财政预算方面持续扩展受资助贫困学生的覆盖面，提升人均资助的水准，以便更多才学兼备的贫困学生能够接受到资助。此外，我国还应该建立起国家助学金资助标准动态调整机制，及时对资助金额进行适当地调整。

2. 推动资助方式的多元化

美国高校的学生能够直接申请到联邦政府提供的各种资助。除此之外，联邦政府还采取学费抵税、课税扣除、储蓄计划、直接贴息贷款、直接无贴息贷款、研究生和学生家长贷款、合并贷款等各种资助方式，间接对学生及其家庭进行资助，将直接资助与间接资助的方式有机结合在一起，创新了资助的模式。

从我国高校学生资助工作来看，虽然已经建立了“奖、助、贷、补、勤、免、偿”及“绿色通道”等各种形式的资助育人体系，然而这些资助方式大多数属于直接资助，针对学生及其家庭的间接性资助相对较少。事实上，我国完全可以采用税费优惠的方法，适当减免家庭经济困难学生的父母的个人所得税、营业税、城市维护建设税等各种税收；还能够完善以助学贷款、公共服务代偿学费相关的政策措施，不局限于服兵役、远赴西部偏远地区就业。总而言之，我国应该尝试增加间接资助的方式来对家庭经济困难的学生提供相应的资助，结合直接资助和间接资助两种形式，以多样化的资助育人体系来帮助家庭经济困难学生顺利完成高等教育。

3. 推进资助工作的法制建设

为了应对经济危机及解决学生的实际困难，美国政府制定了一系列与高校学生资助工作相关的政策法规，有效确保了高校学生资助政策的合法性、权威性、科学性。

从我国高校学生资助工作来看，一部分针对高校学生的资助政策并未顺利施行，这主要是因为我国在高校学生资助工作欠缺与之匹配的法律法规，仅仅依据政府命令或者政策指导性文件来开展，并不能保障各项资助政策的实施成效及实施力度。因而，我国应该建立起与高校学生资助工作有关的法律法规，进一步推动高校学生资助工作的法制化进程。通过法律法规的强制性来制约各个参与主体的行为，鼓励各个参与主体积极履行扶持家庭经济困难学生、推动教育公平的职责，保障家庭经济困难学生获取到稳定的、足额的资助资金。与此同时，我国还应该采取有效措施对助学资金进行科学管理，保证助学资金能够及时发放给每个需要帮助的学生，并严厉惩处挤压克扣资助资金等违法现象，持续推进高校资助育人工作的规范化、法制化进程。

第二节 英国高校资助育人工作

英国是世界范围内最早实行高等教育的一个国家，其针对高等教育的各项措施对其他国家高等教育的发展产生了一定影响。早期，由于受到凯恩斯的国家干预理论的深刻影响，英国政府担负着大多数的社会福利责任，最显著的一个表现便是免收学费。伴随着社会经济的深入发展，英国高等教育的政策措施发生了相应的转变，先后经过了免费与助学金相结合、收费与助学金相结合、先上学后付费与差异收费相结合三个阶段，所制定的一系列政策措施的主要目标均是解决家庭经济困难学生的入学问题和继续学业问题。而我国针对高校学生的资助政策措施也大体经历了免收学费与人民助学金相结合、收取少数费用与其他资助方式相结合、收费与多元化资助相结合三个阶段。加之我国贫困学生的人数较多，帮助贫困学生顺利完成学业已经成为各大高校的主要工作。通过探究英国高校资助育人体系的开展情况、工作机制等内容，能够在很大程度上为我国高校资助育人体系的建设提供启发和借鉴。以下主要通过探究英国高校资助育人体系的基本构成及特征、中英两国高校资助育人体系的异同、英国高校资助育人体系对我国的启示等几个方面开始着手，进而为我国高校资助育人的建设提供一定的理论支撑。

一、英国高校资助育人体系的基本构成

（一）助学金

助学金实际上是为了帮助贫困学生顺利完成高等教育而开展的一类资助项目，此类资助并不需要学生来偿还。英国实行的助学金项目的资金主要来源于两个方面，一类是英国政府的专项拨款，这是助学金的主要来源；另一类是优秀校友、社会爱心人士、具有责任感的企业、经济宽裕的学生家长等相关人士的捐献。

大体上，英国高校内50%以上的贫困学生能够获取到一定的助学金。

英国政府基本上每年均会为高校提供3亿英镑的专款资助资金，用来资助家庭经济状况不佳的学生。那些家庭年收入低于1万英镑的学生每年能够申请到1000英镑的教育专款资助，家庭年收入为1万英镑至2万英镑的学生能够获取到少量的教育专项资助。

（二）助学贷款

英国针对高校学生实行的助学贷款项目大体包含了学费贷款、生活费贷款两大类。

学费贷款是英国高校覆盖面积最广的一类助学贷款项目，英国高校内的所有学生均能够申请学费贷款。具体而言，在公立大学就读的全日制学生最高能够申请到9000英镑的学费贷款，在私立大学就读的全日制学生最高能够申请到6000英镑的学费贷款。

生活费贷款也是英国高校实施的一类助学贷款项目。在评定获取此类贷款的学生名额时，相关工作人员充分考虑到学生的家庭年收入情况、家庭住址、学习年限、贷款用处和高校所在地的经济水平及物价水平等各项指标。获得此类贷款的学生最高可以申请到7675英镑的资助资金。这里需要说明的是，无论是学费贷款还是生活费贷款，其本金均主要来源于政府的财政专项拨款，贷款的具体事务则由相关的贷款公司负责。

（三）奖学金

奖学金往往是政府、各大高校和相关的资助组织为了嘉奖才学兼备的学生而设置的一种奖励资金，也属于直接赠予的资金，并不需要偿还。英国高校内推动的奖学金项目主要包括政府设置的奖学金、高校自主设置的辅助研究工作的奖学金、各个企业资助的奖学金三大类。家庭年收入低于2.5万英镑的学生可以申请到全额奖学金，最高能够申请到2825英镑的奖学金；而家庭年收入介于6万与10万英镑之间的学生能够申请到半额奖学金。目前，英国高校中能够申请到全额奖学金的学生在学生总人数中占30%，能够申请到半额奖学金的学生在学生总人数中也占30%，奖学金的整体覆盖率基本达到了60%。

（四）混合资助包

除了单一的奖学金、助学金、助学贷款以外，英国高校学生也能够申请“混合资助包”。这种“混合资助包”主要包含了生活费助学金、学费贷款、生活费贷款三大类。混合资助包在很大程度上解决了家庭经济困难学生的上学问题，然而此类资助并不是无偿赠予的，获取到资助包的学生还应该承担相应的还款义务。

（五）勤工助学

除了直接发放的资助以外，英国各大高校还积极为学生寻求勤工助学的机遇，并指派了学校人事部门、学生处或学生会来具体负责勤工助学各项事务。英国高校所设置的勤工助学岗位大体上细分成校内、校外两大类。其中，校内设置的勤工助学岗位主要由学生的人事部门进行集中管理，由于这些岗位能够挑选聘用，因而并没有相应的优惠政策措施，为学生发放的薪资也有固定的参考标准，统一发放给参与勤工助学岗位的学生。校外的勤工助学岗位则由高校的就业指导中心具体负责，就业指导中心负责在网站上发布校外企业制定的招聘讯息，并为学生选择职位提供相应的帮助；同时，高校的学生会也会发布校外企业制定的招聘讯息，以供学生进行选择。

英国勤工助学相关政策规定参与勤工助学岗位的学生的工作时间一个星期之内不可以大于 20 个小时；各大高校提倡参与勤工助学岗位的学生的工作时间不应该超过 15 个小时 / 周；英国政府还规定参与勤工助学岗位的学生的工资每小时不可以低于 5.62 英镑。

综合以上论述，英国政府实行助学金、奖学金、助学贷款、混合资助包、助学岗位等多种高校学生资助方式。除上述几类资助项目，在英国高校资助育人体系中，学生还能够按照自身的情况申请其他类型的资助项目。例如，父母学习助学金、成人依赖助学金、残疾学生助学金、特别资助助学金等。这些多元化的资助方式共同组成了英国高校资助育人体系。

二、英国高校资助育人工作的基本特征

英国各大高校鼓励将学生视为重要客户，始终尊重和坚持学生的主体地位，保证每个学生都能够获得最佳的服务。高校资助育人体系在构建及运转的过程中也秉持了这种理念，显示出独特的优势。以下主要介绍英国高校资助育人工作的基本特征。

（一）坚持以学生为本的理念，尊重学生的主体地位

英国各大高校始终坚持以学生为本的教育理念及服务理念。譬如，英国剑桥大学坚持以学生为本，将各项工作的着眼点放在学生的实际需求上，力争为全体学生提供最佳的学习环境及生活环境；同时剑桥大学还重点提升学生的培育水平，不仅仅关注于增加学生的知识储备及各方面技能，还关注学生健全人格的塑造、

综合素质的提升。

赫尔大学也始终将学生放在各项工作的第一位，主张每个学生个体均是不容忽视的。赫尔大学将学生视为服务工作的主要对象，从进入学校之前便为学生提供精准的服务及帮助。同时，赫尔大学极其尊重和坚持学生的主体地位，尊重不同学生的个人隐私、不同学生的民族文化等。为使来自于不同国家、不同民族的学生顺利实现文化融合，赫尔大学每年都会组织开展“One World”活动，鼓励学生通过各种节目来展示自己，宣扬自己国家及民族的文明，使全体学生真切感悟到学校给予的温暖。

（二）针对个体提供资助，关爱弱势群体

英国高校资助育人工作的主要目标是为学生提供个性化的帮助，尤其是为残障学生、家庭经济困难学生、心理障碍学生等弱势群体提供相应的帮助，以便促使全体学生均能够获取到外界的帮助，以最好的状态融入学校生活中。

针对各类弱势群体，英国各大高校纷纷设置了心理咨询服务中心、残障学生支持中心、学生资助中心等机构组织，以便为这些学生提供针对性的帮助。其中，心理咨询服务中心针对不同学生的心理状况及个性化需求，为不同学生提供个性化的咨询，并不时组织开展规模较小的研讨会及讲座，不追求活动的规模，而追求活动所达到的实际成效；残障学生支持中心主要负责为身体残障的学生提供针对性的帮助，争取解决残障学生面临的多种问题；学生资助中心按照学生所申请的不同资助类型，具体负责为学生提供经济上的帮助。针对弱势群体的高校学生资助项目显示出个性化的特征，使得全部弱势群体均可以平等地获得高等教育的机会，推动了英国高等教育的公平化进程。

（三）服务全面，为学生提供简便高效的一站式服务

英国各大高校内的学生资助服务体系均划分了具体的职责，细分的职责设置科学有效，涉及全体学生生活及学习的各个方面，使得学生一旦出现问题便可以及时进行求助。高校中的学生服务中心往往设置了 10 个以上的部门，这些部门的职责相当明确，可以有针对性、有目的性地为学生提供深入的帮助。

例如，德比大学所设置的信息服务部便有 180 名工作人员，这些工作人员服务于全校学生，具体负责与全校学生相关的事务，为学生提供了一站式的服务。信息服务部的服务大厅中设立了公告栏，公告栏内部张贴了与学生有关的各种事务讯息。学生出现任何问题均可以进入服务大厅的接待处，接待处有专门的教师带领学生轮流进行值班，以便初步解决来访学生的各类问题；如果学生的问题并没有得到有效地解决，便可以进入到下一个层级，在服务大厅内部工作人员的指

导下进入相关的部门中；最后一个层级为各个部门主管的办公室，一部分基层工作人员难以解决的问题便由部门主管来解决。

（四）提倡学生自主发展，充分发挥学生的能动作用

英国高校在推行资助育人工作的过程中，还鼓励学生进行自我管理及自我服务。由于受到英国文化及社会环境的深刻影响，基本上所有的高校学生均具备了较强的独立观念和自主生活能力、自主学习能力，这些学生有自我管理、自我服务的意图及要求。

从组织形态上讲，自我管理、自我服务应该通过学生自身来完成。英国各大高校中均设置了学生联合会。这些学生联合会独立与学校服务体系中，是受到学校及政府认可的独立法人组织，代表了全体学生的意愿，主要负责维护全体学生的利益，还在一定程度上参与到学校内部事务的决策中。学生联合会中设置了各个国家的学生会分会，这些学生会分会具体负责某一国家学生的所有事务，有权利组织开展具有本国特色的各种学生活动。

三、中英两国高校资助育人体系的异同点

（一）中英两国高校资助育人体系的相同点

1. 两国高校资助育人体系的内容多样化，多措并举

英国和我国均实行了助学贷款、助学金、奖学金等多样化的高校学生资助方式。英国针对高校学生设置的助学金可以为全部本科生及 45% 左右的本科以下程度的大学生提供一定的生活费补助。助学金细分成不同的等级，家庭经济极其困难的学生能够获取到生活费用 40% 左右的资助。这里需要说明的是，一些家庭经济困难的学生单纯依靠助学金并不能完全满足自身的生活所需，还需要通过贷款的方式获取到一定的生活费。因而，英国政府针对家庭经济困难的学生设置了“混合资助包”，以便帮助学生解决生活上及学习上的困难。若学生自身表现突出还可以申请到相应的奖学金，还能够申请到勤工助学岗位。

从我国高校资助育人体系来看，只有家庭经济困难的学生才能够申请到助学贷款、助学金、勤工助学岗位及其他与学生家庭经济状况相关的奖学金，只有优秀奖学金才是全体高校学生均能够申请的项目。资助项目针对性较强，但仍需要进一步完善。

2. 两国均积极采取措施帮助新生入学，着力解决因困失学现象

目前，英国高校普遍施行的收费方式主要有先上学后付费及差异收费两大类，

这种收费方式也能够视为收费与贷学金相结合的方式。我国针对家庭经济困难的学生制定了绿色通道政策，帮助这些学生先入学，而后通过助学贷款、学费住宿费减免等方式来获取学费及住宿费资助，生活费则能够通过申请国家奖助学金、勤工助学岗位等方式来获得。由此可见，中英两国均积极采取措施帮助新生入学，防止家庭经济困难由于学费而放弃学业。

（二）中英两国高校资助育人体系的差异

从整体上看，中英两国构建的高校资助育人体系不仅存在相同点，还存在一定的差异，这种差异性集中体现在助学贷款方面。

英国高校的学生均能够申请助学贷款，与贷款相关的政策措施也在学生群体中广泛流传。其中，学费贷款的额度与学生自身的学历水准存在紧密的联系；生活费贷款和学生自身的行为表现及其家庭经济状况存在紧密的联系；毕业之后的还款要求则和学生个人的实际收入存在紧密联系。例如高校学生参加工作以后，年收入水平高于 2.1 万英镑，便开始偿还助学贷款的本金及利息，还款的数额是学生个人年收入的 9%，并需要在 30 年以内还清所有的贷款及利息；若市场经济变化的速度较快，政府会按照这种变化对年收入的额度进行相应的调整，进而控制还款的起点及结束时间。除此之外，申请助学贷款的学生若想要提前还款，可以自行申请提前还款；申请助学贷款的学生在毕业 30 年以后还未还清贷款的话，政府将会核查剩下的贷款资金；如果申请助学贷款的学生毕业以后的工作收入始终比还款限额低，他们便能够申请中断还款。同时，英国税务部门主要负责回收助学贷款，并通过税务网站追踪申请助学贷款学生的实际收入状况，核定这些学生是否具备了偿还助学贷款的资格及收入限额，若符合还款要求，便会直接从这些学生的工资中扣除。贷款银行主要负责收取这些回收的贷款，并将还款的状况与学生自身的信用状况进行捆绑。

而目前，我国高校学生在校期间仅可以申请到与学费、住宿费挂钩的助学贷款，贷款额度和学生自身的学费、住宿费紧密相关，最高可以贷款 8000 元。同时，我国高校学生并不能申请到与生活费挂钩的贷款，而继续深造的学生能够申请延期还款，非继续深造的学生一旦毕业便会进入还款期限。学生能够申请提前还款，若是在毕业之前还清贷款，便只需要偿还贷款的本金。我国规定两种贷款的还款期限均是学制加 13 年，最长不超过 20 年。偿还贷款的方式可以先偿还利息，而后再偿还本金，也能够一起偿还本金及利息。我国与助学贷款相关的国家贴息、提前还款的贴息和英国基本保持一致。贷款银行负责回收贷款。我国助学贷款政策并未设置终止政策。

四、英国高校资助育人工作对我国的启示

（一）大力宣传资助政策，实现资助认识全覆盖

英国高校学生资助政策已经人尽皆知，相关法律法规的建设也基本完备。目前，我国高校从新生入学阶段到研究生阶段均设置了比较完备的资助工作机制，国家制定的高校学生资助政策也在很大程度上帮助大多数学生解决自身的学业问题。然而，由于我国不同地区的经济发展状况、信息化发展水平等方面存在一定的差异性，导致一部分地区内经济比较困难的家庭并未深刻了解相关的国家学生资助政策，也不了解国家助学贷款的实际作用及内涵，这些家庭并不能够充分利用国家制定的助学贷款政策。因而，我国政府、高校等资助主体应该加大对学生资助政策的宣传力度，力争在全社会范畴内广泛宣传国家制定的各项资助政策，促使全体学生及其家庭对国家资助资助政策有深刻的认识，实现资助认识全覆盖。

（二）简化助学贷款的申请手续，提高资助工作效率

英国本地的学生及外籍学生均能够登陆所就读学校的网站来查看及计算顺利完成学业需要花费的资金，网页内部附有费用清单及计算器，能够帮助学生预算相关的费用；而后登陆针对学生的贷款公司的主页中进行注册，填写自己及家庭的基本讯息，在网页中申请助学贷款。

而我国目前实行的助学贷款申请主要有两大类。在申请的过程中，学生需要填写及提交各种纸质证明资料，在学校内申请的助学贷款还需要通过院系、学校、银行等多个层面的审查及复核，申请的手续相当烦琐，耗费的时间也比较长。针对这种情况，我国政府应该逐渐简化助学贷款的申请手续，提高资助的工作效率，为更多的高校学生提供更加便捷的服务；同时我国政府所制定的贷款额度也应该按照当地经济发展状况来进行动态的调整，还应该扩充贷款项目。

（三）加强理财教育，帮助学生合理规划生活

目前，我国高校学生欠缺必要的理财规划，他们的规划目标也不甚明晰。然而高校学生不单单需要经济方面的资助，还需要专业规划人士对自己的生活规划及消费状况规划进行科学合理的指导。为此，我国可以仿效英国的相关措施，开设专门的理财教育指导座谈会、讲座等，为学生传输贷款申请、贷款偿还相关知识，还可以开办一部分针对高校学生实际消费需求及其他问题的专业咨询活动，使这些学生能够自发对自己的支出情况进行规划，进而为其顺利完成学业、学会

独立生活打下坚实的基础。除此之外，我国高校将学生资助工作与育人工作有机连接在一起，也为学生理财教育提供了理论支撑。

（四）完善个人信用体系及回收机制，健全资助工作机制

构建相对完备的贷款电子信息网络系统，将已毕业贷款学生的个人收入、家庭经济状况、工资卡账户等讯息关联在一起，及时理清贷款学生的经济状况，以扣税的方法来偿还助学贷款。这种偿还方法不仅能够提升整体还贷率，采用联网扣除的方法还能够有效防止拖欠贷款、信用下降等现象，进而实现完善助学贷款回收机制的目标。

我国可以借鉴英国高校学生资助措施，对助学贷款平台进行整合，设置与英国学生贷款公司性质相同的组织机构。这样的话，学校只需要负责对申请贷款的学生进行感恩教育、诚信教育，银行只需要负责为学生发放贷款资金，剩余的与申请贷款相关的工作全部由专门的学生贷款公司来负责，这将会极大地减轻学校及银行的烦琐事务。同时，我国也可以效仿英国，将助学贷款项目中细分成学费助学贷款、生活费助学贷款，其中生活费助学贷款依照申请学生的家庭经济状况、来源地区等要素来评定，并根据社会整体发展状况来制定贷款的申请标准及额度。

第三节 日本高校资助育人工作

目前，高校资助育人体系的建设已经成为世界各个国家及地区普遍关注的一个问题。日本是世界范围内最早推行高校资助政策的国家之一，也是当前高校资助育人体系运行比较高效的国家之一。在很长的时间内，日本推行了以贷学金为主要方式的资助体系。日本高校所推行的贷学金包含了借贷的形式，事实上指的是我们现在所讲的助学贷款，此类贷款的主要资金来源是政府或者社会融资。与此同时，日本政府设置了学生支援机构来管理助学贷款相关事务。

近年来，随着人口老龄化现象的加重及经济发展速度的下降，日本政府更加注重对肩负培养人才及知识创新重任的高等教育的扶持力度，以便推动本国经济的可持续发展。2014 年，日本政府颁布了针对高校学生的资助政策，通过为高校学生提供多样化、针对性的帮助，保障了教育公平局势。与其他国家尤其是亚洲国家相比，日本高校资助育人体系已经比较完备，并制定了比较高效的执行措施，具有十分重要的借鉴价值。以下主要通过论证日本现行的高校资助育人体系的基本构成及其未来走向、特征，为我国高校资助育人体系的构建带来一定的启发。

一、日本现行的高校资助育人体系

日本现行的高校资助育人体系主要采用以政府为导向的多样化资助方式，具体囊括了勤工助学、助学贷款、课时费减免、国家投资融资几种形式。

（一）日本高校资助育人工作的主要目标

20世纪80年代，日本政府发布了学生资助相关法规，明确规定日本学生支援机构（原育英会）通过为品学兼优但经济拮据的学生提供相关的贷款服务，以确保每个学生都能够平等地享受到接受高等教育的权利，进而为国家、为社会培养复合型的人才。时至今日，日本高校资助育人体系始终坚持推动教育公平、培育优质人才的主要目标。

（二）种类繁多的资助方式

1. 日本学生支援机构提供的奖学金

日本学生支援机构提供的奖学金是覆盖面积最广、规模最大的一类奖学金。日本学生支援机构为高校学生提供的奖学金主要有两大类，一类是没有利息的奖学金，一类是有一定利息的奖学金，其贷款利息往往低于商业银行的贷款利率。在学校期间，学生的贷款利息主要由政府承担；毕业以后，贷款利息则由贷款学生本人承担。

2. 金融机构设置的教育贷款

日本推行的国家教育贷款往往属于商业性质的贷款，主要由国民生活金融公库负责管理相关申请事务，贷款的对象主要是进入高校的学生家长。申请这类贷款的学生家长的年收入水平必须在规定的范围内，每年可以申请的贷款也有最高的限额，且需要承担一定的贷款利息。根据相关数据显示，日本境内每年使用教育贷款的人数大概有20万人。这种低利率的贷款方式弥补了日本学生支援机构奖学金的不足之处，

3. 高校设置的奖学金

日本各大高校中设置的奖学金大体包含了奖学、育英两大类。其中，奖学类资助的资助对象主要是贫困学生，以保障他们顺利完成学业；育英类奖学金主要是对才学兼备、能力突出的学生的嘉奖。

最近几年，随着高等教育形势的转变，日本各大高校纷纷完善及补充了以往推行的奖学金制度。除了需要学生偿还的贷款类奖学金以外，不需要偿还类的奖学金种类也逐渐增加，资助的对象均是贫困和品学兼优的学生。同时，日本各大

高校还设立了新生奖学金、经济援助奖学金、学生创业家支援奖学金、海外留学奖学金等各类奖学金，还专门为在赛事或文体活动中取得优异成绩的学生设立了相应的奖学金。

4. 社会团体设置的奖学金

除了日本学生支援机构提供的资助以外，日本社会中大概有3000个社会团体也设置了不同类型的奖学金，这些社会团体包含了地方自治体、民间团体等群体。日本大部分都道府县等地方自治体均设置了相应的奖学金，只要是拥有当地户口且才学兼备的学生便可以申请。不同地方自治体制定的奖学金申请标准、名额、资助金额等内容存在一定的差异，资助金额往往在1—5万日元之间，既有无偿赠予的奖学金，还有需要偿还的贷款类奖学金。

民间团体设置的奖学金往往是无偿赠予性质的奖学金，并不需要偿还，日本各大社会团体按照自身的评定标准来颁发奖学金。此类奖学金一部分指定了具体的学校，只有就读于指定高校的学生才能够申请；一部分并未指定具体学校，所有高校内的学生均能够申请，然而这种类型的奖学金的名额比较少，申请的过程也比较复杂。

（三）资助体系管理机构

在日本，负责高校助学贷款相关事务的机构主要是日本学生支援机构。日本学生支援机构负责对申请贷款的学生进行引导，为他们提供精准的咨询服务。日本学生支援机构实际上是由多个财团联合组成的，其组织机构的规模相当庞大，部门的类别也比较多。其中，贷学部、返还部和贷学事业咨询中心主要负责助学贷款相关的事务。具体而言，贷学部主要负责为高校学生发放助学贷款，审核申请贷款学生的基本讯息；返还部主要负责贷款以后的债权处理、回收助学贷款、机构担保工作等事务；贷学事业咨询中心主要负责为学生及其家庭提供与贷款方式、贷款偿还规则、贷款条件等讯息的咨询。

（四）助学贷款回收机制

当前，日本的助学贷款回收率相对较高，这主要是因为日本制定了比较健全的助学贷款回收机制。这个回收机制的显示出的特征，主要表现在以下方面。

1. 还款方式多元化

目前，日本政府制定的偿还贷款方式主要有两大类，一类是每月按时分期偿还贷款，也就是在每个月的27日按时偿还一定数额的贷款；另一类是每半年分期偿还贷款，也就是每一年的1月27日及7月27日偿还一定数额的贷款。除此之外，日本政府积极推行银行自动转账制度，若贷款学生想要使用这项业务，需要到银行或者信用金库开办一个专门的存款账户，并按实际情况填写申请书，最后到相应的窗口中办理手续。实施银行自动转账制度以后，贷款学生的银行账户上只要有足够的钱财便可以自动进行偿还，有效防止了由于工作繁忙、学习任务繁重或者忘记还款日期而未及时偿还贷款的现象。

2. 延迟还款机制人性化

目前，由于就业形势逐渐严峻、社会经济越来越不景气等原因，有相当一部分学生在毕业以后获得的工资比较低，更有甚者面临失业的窘境，若遇到患病、天灾人祸、怀孕等特殊的状况，极有可能无法按照约定的时间来偿还贷款。面对这种情况，日本政府制定出了两种解决的方案，一种是减额还款，一种是延期还款。

减额还款实际上指的是当贷款学生遭受到自然灾害、患病、经济拮据等现象，但是仍然具备继续偿还能力的时候，由贷款学生自己提出申请，并提交相关的证明资料，经过严格审查以后，可以适当减免需要偿还的贷款金额的50%，偿还贷款的期限也会相应的拉长，最短偿还期限为1年，最长偿还期限是10年。

延期还款适用的对象主要是除了面临自然灾害、患病、经济拮据等现象的学生，还包括继续深造的学生。与减额还款方式存在差异的是，学生一旦申请了延期还款，在规定的期限内，贷款者并不需要承担偿还贷款的义务。

3. 催还款制度相对完善

针对以往偿还贷款时间或者没有闲暇时间的学生，日本政府会委派专门的催款公司来催缴贷款，这些催款公司会通过给担保人及贷款学生打电话的方式来催还贷款。

针对有意拖欠贷款的现象，日本政府也制定了极其严厉的惩处方案。一方面，对拖欠贷款的学生进行经济惩处。具体而言，针对拖欠贷款半年以上的学生，每年会追加贷款金额的10%；依照一年365天的时间来计算拖欠贷款的时间及应该处罚的金额。另一方面，对拖欠贷款的学生进行法律惩处。针对具有还款能力而拒绝偿还的学生，日本政府会通过法院为其传送督促偿还贷款文书，若这种方式还没有起到效果，便由司法部门对其实行强制性的措施。

二、日本高校资助育人工作未来的走向

根据相关数据显示，日本政府针对高校学生的财政扶持在国内生产总值中所占的比重较小，比国际平均数值要小得多，这就致使日本高等教育的负担转移至家庭。近年来，日本的社会经济状况呈现出逐渐低迷的现象，家庭的收入水平也持续降低。加之，随着产业结构的调整及劳动力市场需求的转变，高校学生毕业以后面临着比较严重的经济负担、生活压力。针对这种状况，日本政府不断完善

了高校资助育人相关政策措施，明确了以后日本高校经济资助的目标及方向，改善了高校的教育环境，保障了高校学生可以顺利完成学业。

（一）以资助无偿化为最终目标，逐步增加赠予型资助方式

当前，世界各个国家及地区的高校学生资助工作大体朝着不需偿还的赠予型资助方式转变。此后，日本将始终坚持以高校助学贷款的无偿化为最终目标，逐步增加赠予型的资助方式。为此，日本政府应该做到以下两点。

一方面，为了鼓励更多的学生发愤图强、积极进取，日本政府将针对才学兼备的贷款学生，减免他们的助学贷款。当前，研究生群体中已经开始推行这种措施，以后还将会扩展至更大的范围内，使更多的学生真正受益。

另一方面，日本政府还不断补充课时费减免相关政策，着力缓解贷款学生及其家庭的经济压力，逐步将课时费减免范畴扩大至不同类型的高校。当前，由于高校的类型存在一定的差异，不同类型学校的学生能够获得的经济资助实际上也存在较大差异。以后，日本政府将会构建使不同类型高校内的学生平等受益的课时费减免制度，以推动教育公平的进程。

（二）构建动态化贷款偿还机制，掌握贷款学生的基本信息

目前，日本实行每月、每半年定额偿还贷款的贷款偿还机制。这种机制虽然显示出一定的优越性，但仍存在相应的缺陷。此后，日本政府将会引入按照学生及其家庭经济收入水平上下波动的动态化贷款偿还机制。日本政府将充分利用社会保障机制及纳税机制，构建相关的机制，及时掌握贷款学生毕业之后的收入状况。在掌握贷款学生收入情况、完善贷款学生基本信息的基础上，文部科学省、日本学生支援机构及相关教育专家学者进行协同合作，制定每个月或每半年需要偿还的限额、偿还贷款的开始日期、偿还限期等政策，确保贷款偿还机制的有效运行。

（三）推行以无息助学贷款为中心的资助体系

进入新世纪以后，日本政府制定的有息助学贷款的规模不断扩大。事实上，助学贷款的最终目标是资助家庭经济困难且成绩优异的学生，确保他们平等地接受高等教育。因而，无息助学贷款在助学贷款总额中所占的比重应该不断增加，并占领主导地位。

除此之外，伴随着高校生源的多样化及助学贷款规模的拓展，高校资助育人体系能否实现惠及最需要的群体还有待深入的探讨。此后，日本政府应该按照实际情况对资助标准、资助对象进行相应的调整，以便提升资助工作的成效，使资

助政策优先惠及最需要帮助的人群。

（四）加大力度宣传助学贷款相关事项，提高全体社会成员的金融意识

日本政府应该加大力度宣传助学贷款相关事项，使有意向申请贷款的学生及其家庭了解到最新的助学贷款讯息。在宣传的过程中，政府应该侧重于申请贷款的作用、申请贷款学生的义务及责任、偿还贷款的方式等内容，进一步增加学生及其家庭对助学贷款政策的了解。在宣传的过程中，增进各大高校之间的交流及合作，使各大高校协力推进助学贷款政策宣传工作。

（五）强化政府及民间资助团体之间的合作，建立公私互补的资助育人体系

目前，日本社会中的民间资助团体按照自身的资助理念，制定了较为精准、合理的资助服务体系，这些团体制定的资助措施主要是赠予型的资助，不需要学生进行偿还。为了使全体社会成员积极参与到资助高校学生的工作中，日本政府还应该强化自身与其他民间资助团体之间的合作。以后，日本应该加大力度搜集有意向的民间资助团体的相关讯息，积极听取这些团体的建议及看法，同时制定相关的政策措施，进一步推动政府与民间资助团体的纵向合作及横向合作。

三、日本高校资助育人工作对我国的启示

日本高校资助育人体系显示出较大的优越性，尤其是其实施的助学贷款政策收到较好的成效，贷款偿还率较高，得到了社会大众的认可及接受。通过探究日本政府构建高校资助育人体系的经验，以完善及健全我国的高校资助育人体系。

（一）制定人性化与法制化相结合的贷款回收机制及贷款偿还机制

为了提升贷款回收率，日本政府专门制定了相关的法律法规，对恶意拖欠贷款的学生实行经济上的惩处和法律上的惩处。将法律惩处引入贷款回收机制中，能够确保助学贷款的良性发展，值得我国借鉴。

除此之外，日本政府充分考虑到不同学生毕业以后的就业情况及其经济承担能力，制定了弹性的偿还贷款机制。针对那些由于特殊状况而不能按照约定期限偿还贷款的学生，实行减额还款、延期还款两种偿还方式，未来还将推动按照学生月收入情况的动态型还款机制。这种人性化与法制化相结合的贷款偿还机制能

够有效缓解贷款学生的经济负担，也能够提高贷款的回收率，进而构建更加高效的高校资助育人体系，这也是我国助学贷款政策调整需要借鉴的一种举措。

（二）制定贷款基准

日本社会中，当学生的家庭经济状况比最低收入标准低或者学生自身的学业成绩达到一定标准以后，才能够申请到助学贷款，家庭经济状况与学业成绩二者不可或缺。日本政府已经充分认识到高校能够为学生提供的资源是十分有限的，只有将这些有限资源投入到最需要的地方，才能够发挥学校资源的最佳效用。若将有限的教育资源投入到学业成绩不佳的学生身上，这些学生若半路辍学或者不能够在规定的时间内获得学位，便会造成极大的资源浪费。因而，我国各大高校在评定助学贷款资格的时候，也应该按照学生的学业成绩及其家庭的经济状况这两个基准，以免出现浪费资源的现象。

（三）构建全体成员广泛参与的高校资助育人体系

从长远的角度来讲，高校资助工作的最终受益者及最大受益者并不是单一的学生及其家庭，而是整个国家和社会。日本政府始终坚持“谁受益谁买单”的基本准则，制定了一系列资助政策，逐步加强了国家、政府、社会团体、地方自治体之间的联系。与此同时，针对高校学生助学贷款相关工作，日本政府加大了资助政策宣传力度，加深了学生及其家庭对资助政策的理解，在全社会范围内深化了金融教育，继而建立起以政府为主心骨、凝结社会全部力量的高校资助育人体系。我国政府也应该效仿这种做法，鼓励社会全体成员广泛参与到高校资助育人工作中，为高校资助育人工作添加活力。

第四节 澳大利亚高校资助育人工作

1989 年以后，澳大利亚联邦政府为了摆脱高等教育经费欠缺的窘迫现象，开始实行“高等教育成本分担计划”及“使用者付费”的经费原则，主张政府、各大高校、学生三者应该共同担负高等教育的各项费用。与此同时，为确保贫困学生能够平等地受到高等教育的滋养，澳大利亚联邦政府又制定了以家庭收入状况为主要参考标准的高校资助育人体系。这个资助体系的建立从制度上确保了本国高等教育的公平性，还为高等教育收费及教育公平性之间的谬论提供了相应的解决方法。因而，参考澳大利亚高校资助育人工作能够对我国高校资助育人体系的优化提供一定的借鉴，其重要性不容忽视。

一、澳大利亚高校资助育人体系的基本构成

高校学生资助实际上指的是公立机构、私立机构、各类社会团体、各大院校为学生提供的资助形式，以便使学生解决当前面临的教育难题。目前，澳大利亚针对高校学生的资助措施主要包含了助学金、奖学金、助学贷款、勤工助学四大类。

（一）助学金

为了推动教育公平及受教育机会均等，澳大利亚联邦政府为贫困学生提供了助学金。助学金设置的主要目的是确保贫困学生及残障学生在接受高等教育期间的基本生活，此类资助优先考虑经济状况不佳难以维持正常学业的学生。同时，助学金是一种无偿赠予的资助，并不需要进行偿还。目前，澳大利亚高校内的学生可以申请到的助学金主要有两类，一类是青年津贴，一类是澳大利亚助学金。

青年津贴设置于20世纪80年代末，其资助资金完全由联邦政府承担，资助对象主要是16岁至24岁的高校学生。最初设立的时候，此类助学金最高的资助限额为2000澳元。此类，随着澳大利亚经济的迅猛发展及学生不断变化的需求，资助金额也得到了相应的增加。截至2018年，澳大利亚的青年津贴金额已经提升至4150澳元，接受此类津贴的学生人数在在校学生总人数的17%左右。

澳大利亚助学金实际上是对青年津贴的一种补充，其主要资助对象为25周岁以上的全日制本科生及研究生。残障学生、承担抚养责任的学生、急需专业的学生、社会弱势群体及部分民族的学生等群体均可以申请此类助学金。具体而言，残障学生每人每年能够获取4000澳元的资助，用来支付由于个人身体残疾而产生的额外费用，例如聘用专业护理人员及辅导教师的费用、购买独特学习设备的费用。对承担抚养责任的学生来讲，若他们在学习期间需要抚养1个或者2个对象，每周便可以申请到40澳元的资助；若需要抚养3个或3个以上的对象，每周便可以申请到60澳元的资助。而急需专业学生能够申请到的资助资金为每人每学年4500澳元。社会弱势群体及部分民族的学生每人每学年能够获得1200澳元的资助。

（二）奖学金

奖学金主要用来嘉奖某个方面具有特殊天赋或者学业成绩突出的学生，奖学金发放的主要目的是奖励优秀学生。目前，在澳大利亚高校资助育人体系中，奖学金按照不同的来源，可以细分成联邦政府提供的奖学金、高校奖学金、校外奖学金三大类。

澳大利亚联邦政府为高校学生提供的奖学金项目主要三大类，具体包含了住宿奖学金、起点奖学金、研究生奖学金。其中，联邦住宿奖学金资助的对象主要是来源于偏远地区或农村地点的本科生，资助的目的是帮助这些学生支付远赴异地求学所需的住宿费用，资助期限一般是 4 年，第一个学年的资助金额为 4000 澳元，第二个学年为 1000 澳元。起点奖学金获得者主要是学习成绩突出的本科生，奖励金额为每人 8000 澳元，分成 4 个学年发放，用来资助家庭经济比较拮据的优秀学生。住宿奖学金、起点奖学金申请的标准均是学习成绩突出而且家庭年收入水平低于国家最低收入水平。而研究生奖学金则是用来帮助才学兼备、具有一定研究能力的研究生，每人每年可获得 4000 澳元的资助，并且学生在研究生期间可以连续获得此类奖项。

高校奖学金，顾名思义，指的是由高校提供的奖学金。早年期间，澳大利亚各大高校已经开始使用奖学金来吸引优秀的学生。根据相关数据显示，有 98% 的公立高校、80% 的私立高校均设置有多种类型的奖学金。各类奖学金的限额均依照学费而制定，主要分成三个层次。第一类是获取学费的 110% 至 125% 的资助，此类资助不仅可以用于缴纳学费，还能够用来支付生活费用；第二类是与学费金额相同的奖学金，这实际上表示获取此类奖学金的学生免交学费；第三类是相当于学费 50% 至 60% 的资助，此类奖学金的成效与减免一部分学费的成效基本雷同。

除此之外，还有一部分奖学金是由优秀校友、社会团体、基金会、社会爱心人士等无偿赠予的，通常通过设置专项奖学金的方式对学生进行资助，大多数高校将此类资助统称为校外奖学金。与联邦政府提供的奖学金、高校奖学金不同的是，校外奖学金并不是完全按照学生的学业成绩来评定的，而是按照奖学金提供者的个人意愿来评定。譬如，悉尼大学健康科学学院设置的校友奖学金针对的对象主要是继续攻读博士学位的女学生，而理工学院设置的麦考伊奖学金针对的对象主要是退伍军人。

（三）助学贷款

助学贷款主要由澳大利亚联邦政府或者商业银行提供，设置的主要目的是资助家庭经济困难的学生，继而消除学生的学习困难及生活困难。目前，联邦政府为高校学生提供的助学贷款大体有两大类，一类是高等教育贷款计划，一类是研究生教育贷款计划。这两类助学贷款与纯粹的商业贷款不同，学生在申请的时候并不需要相关的资产证明或者担保人，偿还贷款的时候也不需要支付利息。但是，申请此类助学贷款也有严格的标准，主要包括以下几个标准。

第一，申请贷款的学生必须是澳大利亚本国公民或者获得永久居留权的相关人士；申请贷款学生的家庭年收入必须低于 4 万澳元，同时未出现信用不良现象。

第二，贷款的地址为申请贷款学生的居住地所在州，同时学生也可以在其他州的学校或者国外的学校就读，但是所选择的学校必须得到澳大利亚联邦政府的认可及接受。

第三，不同类型的学生所申请到助学贷款的金额存在一定的差异。一般而言，受到联邦政府资助的学生获得的贷款资金为自身学费的四分之一；而完全自费上学的高校学生最高能够申请到 2 万澳元的助学贷款；远赴国外留学的学生每个学期能够贷款 5000 澳元。

第四，贷款偿还按照申请学生的个人收入来制定。贷款学生毕业以后的工作收入达到一定限额以后，才开始偿还贷款。偿还率按照贷款学生的个人收入及全社会整体的消费价格进行及时的调整。如果贷款学生的收入水平低于还款标准，便不需要偿还贷款，55 岁以后偿还贷款的义务便会自动取消。

除了联邦政府提供的助学贷款以外，家庭经济困难的学生也能够申请由商业银行或者其他金融机构设置的学生补充贷款。学生补充贷款主要由政府提供保障，每年的贷款金额是教育成本减去贷款学生获得的资助金的差额；此类贷款的利率也会随着最优利率进行调整，申请此类贷款的学生只需在毕业 10 年以内还清贷款本金及利息就行；如果申请此类贷款的学生在毕业以后从事国家急需行业，便可以享受到减免所有利息或者部分利息的优待。

（四）联邦勤工助学计划

澳大利亚联邦政府为了解决高校内贫困学生所面临的学习困难问题，在全国范围内广泛推行了联邦勤工助学计划。联邦政府通过为这些学生提供校内工作、校外工作的机遇，鼓励学生通过自身的努力来获得经济方面的资助。然而，与我国政府推动的勤工助学项目不同的是，澳大利亚施行的勤工助学是由联邦政府、州政府、高校共同承担，各大高校具体负责推行勤工助学各项事务。

联邦政府会与想要参加勤工助学的学生签订相关的协议，并安排这些学生在学校内部、各个社区、公益性机构等地方从事服务性质的工作，如助教、社会服务人员、助研、青少年咨询人员、批改试卷、辅导教师等。勤工助学的报酬按照小时来计算，确保每小时的工资高于或等于社会最低工资标准；同时勤工助学的报酬由联邦政府直接划入学校的账号，用来支付学生的学费及生活费用。譬如，蒙纳士大学便会依照导师的推荐及研究生个人的申请，为研究生提供对应的助教岗位或者助研岗位。其中，从事助研岗位的研究生按照不同的工作时间，每周可以获得 140—300 澳元不等的酬劳。

二、澳大利亚高校资助育人体系的管理机制

澳大利亚联邦政府主张合理分配各类资助资金并进行有效管理是高等教育公平性、教育成效的核心要素。因而，澳大利亚联邦政府按照资助资金的来源、分配、回收三个环节出发，采取了各种措施来确保高校资助育人体系的顺利开展。

（一）多途径筹备资金，确保资金供给

充足的资助资金是推行高校资助育人体系建设的核心环节。为此，澳大利亚联邦政府制定了相关的法律法规，从法律上确定了限额拨款、限期拨款的方法。具体而言，联邦政府负责每年为高校学生发放一定数额的资金，按照 4 年的期限，对以往制定的资助措施进行及时的调整及完善。在这些法律法规制定以后，联邦政府为高校学生提供了相应的资助。

考虑到高校资助育人体系较为庞大，需要投入的资金数额较大，由联邦财政完全拨款的方式存在一定弊端，联邦政府开始积极寻求其他支援力量的帮助，不断拓宽资助资金的来源途径，鼓励商业银行及其他金融机构、社会团体广泛参与到高校学生助学贷款工作中。为了促进商业贷款的深入发展，联邦政府定期、不定期为商业银行提供针对学生助学贷款的特殊补助，以弥补银行由于贷款管理成本较高、利润较小等因素而催生的利润亏损现象。与此同时，联邦政府以自身的信用为担保，应允一旦申请贷款的学生拖欠贷款，银行便可以从政府获得全部贷款金额的补偿，进而吸引了商业银行广泛参与到为学生提供贷款的工作中。

除此之外，澳大利亚联邦政府还鼓励由高校开办的公司、大规模的企业及社会团体自发为高校学生提供多种类型的奖学金。譬如，针对从事博士后研究的人员，联邦政府与香港长江集团联合设置了“澳中教育与研究奖学金”，以帮助这些研究人员顺利完成研究任务。

（二）规范资助资金分配流程，确保资金分配合理化

为了确保资助工作的公平性，澳大利亚联邦政府对资助资金分配流程进行了严格规范，资助资金的分配主要按照以下几个步骤来进行，如图 3-4-1 所示。

第一步，联邦政府发布最新的资助讯息。

第二步，高校学生及其家长对联邦政府推动的最新资助讯息有深入的了解，并按照真实的情况来填写申请资助相关表格，表格的内容包括学生所在家庭的年收入情况、信用情况、缴纳税款情况等。

第三步，教育部门按照申请资助学生的家庭讯息及法律规定的换算方法，对申请学生所需要的资助费用进行精准的计算。

第四步，在学生提交申请表格之后的20个工作日以内，教育部门应该将资助报告发放给申请学生，让申请学生来核实资助金额。如果计算结果出错的话，申请学生可以及时与教育部门取得联系，要求教育部门进行修订。

第五步，在申请学生核实资助金额没有出现错误现象以后，教育部门需要将资助报告发送给该学生就读的高校。高校按照教育部门提供的资助报告为学生足额分配资助资金，并拟定混合型的资助方案。

第六步，学校资助机构重新对资助报告进行核查，并为学生提供资助资金。

第七步，不同等级的资助管理机构实时监控整个资助流程，以便联邦政府和各个高校对资助工作的成效进行准确的评估。譬如，相关法律规定学生获取到的资助金额不能够超过他们的实际需求。因而，在资助时限内，申请资助的学生必须按照实际情况上报他们的收入情况及接受校外资助的状况。资助管理部门按照申请学生提交的资料及资助机构提交的报告，对每个学生所申请的资助金额进行适当的调整；同时若发现申报情况不符合实际或者蓄意欺骗的现象，高校有权利取消这些学生的资助名额。

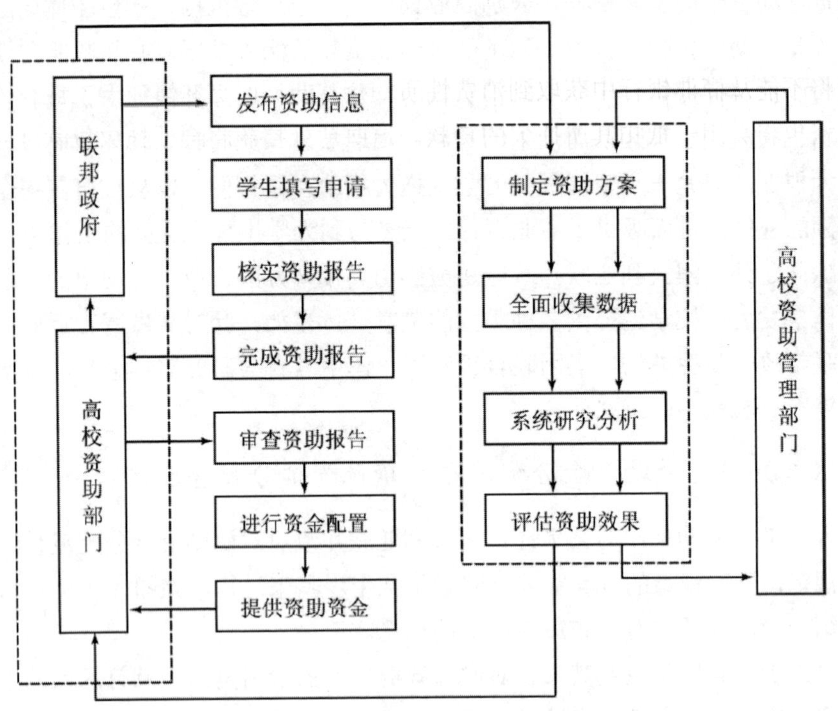

图3-4-1 澳大利亚资助资金分配示意图

（三）构建灵活的还贷方法，提升贷款回收率

助学贷款资金的高效回收能够防止出现资助资金脱节、资助项目难以推行的不良现象。为此，澳大利亚联邦政府实行多种方式的还贷方法，以提升贷款回收率。

一方面，澳大利亚高校资助育人体系将税务机构视为高校学生助学贷款项目的回收机构。税务机构通过统一的税收网络来核查毕业学生是否具体偿还贷款的条件，并按照统一的收费标准来征收税款。

另一方面，为了预防拖欠贷款的现象，减轻毕业学生的还款压力，澳大利亚联邦政府在全社会全方位内广泛推行“社区服务计划”。通过为高校学生提供社会服务、保健服务、福利机构服务等多种岗位，使申请学生通过参加社区服务的方法来偿还贷款。

除此之外，澳大利亚联邦政府还采取法律手段来预防拖欠贷款的现象。所采取的法律手段的基本原则是对违约学生进行严厉的惩处，使他们不敢拖欠贷款。联邦政府规定申请贷款的学生超过还款时期 300 天便视为拖欠贷款，将会受到严厉的处罚。如果拖欠贷款的学生想要继续求学，将会失去继续申请贷款及获取各类资助的资格，这些毕业学生还面临着相应的惩处，其信用评价等级将会下降，以后将不能从商业银行中获取到消费性质的贷款；同时这些毕业学生获得的一部分工资也将会用于抵扣其所拖欠的贷款。这些惩处措施将会使拖欠贷款学生损失大量的钱财，这种经济损失也将会远远超过其所拖欠的金额，进而使贷款学生从内心中降低拖欠贷款的意图。

三、澳大利亚高校资助育人工作对我国的启示

（一）拓宽资助主体，稳固资助资金来源

从澳大利亚高校资助育人体系来看，其资助主体多样化，并未单独将高等教育的成本强加给某一独立的个体，这在很大程度上推动了高等教育的公平性及平等性。从我国高校资助育人工作来看，尽管我国对高等教育的财政拨款逐年增长，然而我国财政性教育经费在国内生产总值中所占的比重比发达国家低得多，这就导致我国高校能够用来资助学生的资金极其有限，并不能与高等教育不断拓展规模的现状相吻合。因而，我国各级政府应该充分发挥高等教育资助主体的作用，不仅要持续增加财政性资助资金，还应该建立相关的法律法规来保障高等教育的地位。

除此之外，我国高校资助育人工作还应该积极拓宽资助资金的来源，推动资

助育人工作融资的多样化，特别是鼓励社会组织、优秀校友、各类企业、爱心人士为学生捐赠资金，进一步完善以“奖、助、贷、补、勤、免、偿”为主要内容的高校资助育人体系，不断拓展我国高校资助育人体系的广度和深度。

（二）健全资助管理机制，规范资助模式

澳大利亚高校资助育人工作采用混合资助的方式，不仅采取了助学贷款与助学金相结合的资助方式，还采用了助学金、奖学金、勤工助学相结合的资助方式。在每个具体的资助方式中，又按照不同学生的学习成绩、学习时长、家庭经济状况等具体情况，将资助方式细分成不同的子类别。这种灵活多变、贴合实际的资助模式为澳大利亚高校资助育人体系增添了活力，同时充分考虑到每个学生在不同学习阶段内的经济需要，显示出较强的针对性，且能够达到最佳的资助成效。

与澳大利亚相对完善的资助育人体系相比，我国构建的高校资助育人体系尚处于摸索阶段，实施成效十分有限。尽管我国一部分高校已经开始推行混合型的资助方式，并取得了一定的进展，然而从资助育人体系整体上看，与体系相关的政策措施及操作指南还存在较大的不足之处，不仅未明确界定高校学生资助工作的资助方式及基准，也未按照不同学生的教育成本及其所在家庭的经济状况来制定切实可行的资助计划，这就导致难以充分发挥高校资助育人体系的完整功能。

有鉴于此，我国高校资助育人体系在构建的过程中更应该借鉴澳大利亚高校资助育人工作的基本构架，制定出更加人性化、个性化的资助方式，按照学生的不同学习阶段来进行针对性的资助。譬如，针对低年级的学生，可以采用助学贷款、助学金相结合的资助方式；针对高年级的学生，可以采用奖学金、勤工助学相结合的资助方法；针对研究生，可以采用勤工助学、助研、特殊专业研究奖学金相结合的资助方法。

（三）加大贷款资助力度，转变还款方式

目前，澳大利亚高校资助育人体系中有一半以上的资助资金来源于联邦政府，助学贷款这种资助方式已经成为保障学生顺利完成学业的主要来源。联邦政府不仅不断提升助学贷款的额度，还借鉴了国际教育经验，制定出按照毕业学生的收入情况来偿还贷款的政策，有效提升了贷款回收率，推动助学贷款体系的顺利进行。

尽管我国已经推行助学贷款政策，并取得了一定的成果，然而截至目前，助学贷款工作仍然存在一些问题。例如，申请助学贷款学生的最低家庭收入基本尚未形成统一的标准，这就导致各大高校在实际操作的过程中所依据的准则不同，极其容易引发失误及漏洞；助学贷款的最高限额为每人学年 8000 元，在很大程

度上导致不同地区、不同类型的学生产生不同的资助成效。

基于这种情况，我国政府及贷款管理机构应该积极采取措施转变助学贷款相关机制。一方面，我国政府应该按照不同地区的经济发展状况将全国高校分成不同的区域，并按照这个区域内家庭年平均收入水准来制定能够获取助学贷款的最低家庭收入基准，规定比此家庭收入基准低的学生才能够申请到助学贷款。另一方面，贷款管理机构应该按照不同高校的学费基准及高校所在区域的物价水平来制定该区域的助学贷款发放额度，进而真正解决贫困学生的上学困难的问题。同时贷款管理部门还应该将助学贷款的利率与学生的收入情况相联系，只有在贷款学生的收入水平高于其参与工作地区的人均收入的时候，他们才需要偿还全部利息；若贷款学生的收入水平低于工作地区的人均收入，其可以享受到利息减免的优惠或者不偿还利息。只有通过上述措施，才能够真正减轻贷款学生的还款压力，保障他们在校期间乃至毕业以后的学习状况及生活状况，进而有效提升助学贷款的回收率。

第五节 新加坡高校资助育人工作

一、新加坡高校资助育人体系的基本构成

近年来，新加坡政府针对家庭经济困难的学生推动了一系列资助政策。这些资助措施的推行，不仅保障了这些学生不因为经济问题而辍学，还能够有效减轻家庭经济困难学生的经济负担，使他们投入更多的时间及精力来提升自己。新加坡政府在高等教育中投入了大量的经费及精力，以资助才学兼备或者家庭经济困难的学生。针对高校学生，新加坡政府制定了助学金、奖学金、助学贷款各种资助措施。

（一）助学金

为帮助高校学生解决经济上的困难，新加坡政府规定凡是家庭年收入水准低于一定标准的本国学生均可以申请助学金。同时，政府还规定在新加坡境内就读的外籍学生也能够申请到一定金额的助学金。但是，接受助学金资助的外籍学生毕业以后必须留在新加坡至少工作 3 年。

（二）奖学金

为了鼓励优秀学生继续努力学习，新加坡政府为就读于本国内及国外的优秀

学生发放了一定数额的奖学金。获得此类奖学金的学生往往学业成绩突出或者在其他方面表现突出。政府所提供的奖学金金额较大，基本能够保障这些学生的学习费用及生活费用。

（三）助学贷款

新加坡实施助学贷款的主要目的是解决贫困学生的学费问题及生活费问题，也就是说学生所申请贷款项目的最高额度大体上能够支付其学费及基本的生活费用，但也有专门资助学费的贷学金项目。实施此类贷款政策，一方面要求国家具备一定的经济实力，另一方面要求学生毕业以后具备偿还贷款的能力。新加坡将学生申请的助学贷款称为贷学金。

目前，新加坡推行的贷学金项目共有四大类，分别是政府贷学金、学生贷款基金、学费贷款方案、中央准备基金贷学金。其中，政府贷学金资助的对象主要是家庭经济困难的新加坡籍学生。贷学金主管部门会对申请此项贷款的学生的家庭经济状况进行深入的调查，并通过面对面的形式进行了解；申请此类贷学金的学生必须同时借贷学费贷款基金，且延续贷款的条件是学生的品学表现达到主管部门的相关规定。此外，申请此类贷款的学生最低可以获得 3000 新元的资助，最高可以获得 12000 新元的资助，基本可以支付学生全额学费及基本的生活费用。学生贷款基金的资助来源为政府、社会、高校，此类贷款的对象主要是家庭经济比较困难的学生。申请此类贷款的学生最低可以获得 500 新元资助，最高可以获得 2000 新元的资助。学费贷款方案是当前新加坡最重要的一种助学贷款方式，此类资助的主要原则是保障全体获得大学入学资格的学生不因为经济问题而放弃学业。申请学费贷款方案的学生最高可以获得其学费的 70% 的贷款。中央准备基金是一种国家强制性的储蓄基金，这种基金与我国推行的公积金、养老金性质类似。新加坡相关法规中规定全体新加坡籍公民务必将工资收入的 1/5 存入该基金中，同时雇佣者还应该按照被雇佣者工资收入的 1/5 为其配置基金。20 世纪 90 年代，新加坡设置了中央准备基金贷学金，允许高校学生的父母通过这个贷学金项目提取其在基金中存储的资金，以资助他们子女的高等教育。支取中央准备基金贷学金的前提条件是学生本人或者其父母的基金账户中存储的资金超过 4 万新元。

新加坡各项助学贷款也有明确的还款期限。申请贷款的学生不仅可以一次性还清贷款，还可以按照每月定额分期支付的方式来偿还，每月最低偿还金额是 100 新元，偿还金额往往低于贷款学生收入的 10%。申请学费贷款的普通院校学生应该从毕业两年之内开始偿还贷款，其中理工学院的学生从毕业一年之后便应该开始偿还贷款。

除此之外，助学贷款是资助高校学生延迟付费的一种资助方式，其为家庭经济困难学生提供的经济资助是通过资金借贷的方式实现的，因而势必会深受借贷相关法律法规的制约，通过调整助学贷款利率的方式来保障提供资助资金者的根本利益。助学贷款利率的计算方式决定了贷款学生应该偿还的数额。当前，各个国家推行的助学贷款利率有无息贷款、有息贷款两大类。新加坡实施的政府贷学金、学生贷款基金项目均是无息贷款的项目，也就是说贷款学生在法规规定的期限内偿还贷款的话只需要偿还贷款本金即可。而学费贷款方案是一种有息贷款项目，其利率的计算大致分为两个阶段，第一个阶段指的是贷款学生在校期间，此时贷款所产生的利息由政府承担；第二个阶段是贷款学生毕业以后直至贷款本金及利息还清期间，此时贷款年利率是每年的平均最惠利率。

助学贷款的回收机制也会对助学贷款相关政策的实施成效产生较大的影响。回收机制包括助学贷款的拖欠问题，这是因为拖欠贷款现象会对提供贷款资助者的积极性产生直接的影响。为了有效降低贷款拖欠率，新加坡政府实施了比较有效的管理措施，不仅由政府、银行、学校负责管理贷款回收相关事务，其他社会机构及部门也参与到助学贷款的回收机制中。目前，新加坡的社会保险机构主要负责管理中央准备基金贷学金相关事务。这种管理方式不仅能够有效节省政府的开支，还能够有效提高贷款回收效率，具有一定的可取性。同时，新加坡政府还实行了相应的惩罚措施来推动贷款回收。例如，新加坡政府规定申请学费贷款方案的学生若不能按照约定的期限偿还贷款，便会罚增1%的利率；若申请学费贷款方案的学生想要移居到国外海外，在出境之前必须还清全部贷款的本金及利息。

二、新加坡高校资助育人工作的特征

从整体上看，新加坡高校资助育人体系显示出资助资金充裕、资助方式多元化、资助期限较长、资助措施灵活多变等特征。以下主要介绍不同特征的具体表现。

（一）资助资金充裕

政府是新加坡高校资助资金的主要提供者。为了确保才学兼备的学生及家庭经济困难的学生能够获得更好的教育，新加坡政府为他们提供了充裕的资助资金。譬如，早在20世纪90年代末期，政府便专门拨发2900万新元设置了奖学金及助学金项目；政府设置了“教育储蓄优秀奖学金”，每年投入大量的资金来嘉奖才学兼备的学生。与此同时，新加坡政府还不断加大资金的投入力度。譬如，政府加大力度资助低收入家庭的学生，并逐渐提高教育储蓄基金，以便减缓学生家庭的经济负担。

为保障每个学生都能够承担得起高等教育的费用，新加坡政府还设置了政府财政援助计划，也就是按照实际情况对公立学校及政府资助高校学生的家庭收入限额进行及时调整，规定有 1 个或者 2 个子女的家庭的资助限额由月收入 900 新元调整至 1500 新元，有 3 个及以上子女的家庭的资助限额由月收入 1050 新元调整至 1800 新元，以使更多家庭经济困难的学生享受到政府的优待，缓解其家庭的经济负担。同时，还将接受资助的学生覆盖面由以往的 50% 扩大到全体学生，甚至包含 16 岁以上的全日制学生及残疾学生。新加坡相关教育方案中还规定政府每年应该为高校在校学生提供 160 新元的学费补助，10% 左右的优秀学生还可以享受到相同金额的助学金。

除此之外，政府还为 25% 的进入自主学校的学生提供了奖学金，为部分就读于非自主学校的学生提供了奖学金，鼓舞这些学生继续努力、积极向上。不单单这样，新加坡政府还为每所教育部管辖的学校、初级学院/三年制高中、独立学校、技术教育学院、工艺教育学院和特别学校的学生提供 4800 万新元的“机会基金”，各个学校能够获得 11.8 万新元到 15 万新元不等的资助基金。同时，为了培育更加优质的人才，新加坡政府每年为每个远赴国外求学的学生发放 10 万新元的奖学金，若是留学博士，政府会为其提供 100 万新元左右的资助资金。

（二）资助方式多元化

新加坡高校资助育人体系的资助方式呈现出多元化的趋势。例如，新加坡制定了包含奖学金、助学金、助学贷款等资助方式的资助体系。其中，奖学金不仅包括政府所提供的支付生活津贴及学习资料费类奖学金、教育储蓄类奖学金，还包括针对国外留学的学生专门设立的奖学金。新加坡还会选派才学兼备的高校学生出国深造，这些学生的学习费用完全由政府承担。新加坡相关政策法规还规定了无论是新加坡永久居民还是外籍学生，只要其学业成绩突出或者其他方面具有突出才能，均有机会获得各类奖学金。例如，在新加坡留学的学生可以按照自身状况享受到特定的奖学金。除了由政府全额资助的奖学金以外，各类社会组织、社会团体、企业也为高校学生提供了相应的奖学金。

（三）资助领域广泛

新加坡针对高校学生的资助领域也比较广泛，为学生提供了学生的生活费用、学费、学习资料费、就业求职费用多个领域的资助。具体来讲，新加坡不仅为学习成绩突出的学生提供科研资助及出国深造的资助，还为高校学生提升自身的各种能力提供了资助，如新加坡政府制定的“机会基金”便是为家庭经济困难学生提供的资助，资助他们购买电脑来顺利完成专题作业，增加了学生接触先进的信息技术的机会，培养了学生的人际交往能力及解决问题的能力。除此之外，新加坡政府还为学生远赴国外开展学术交流提供了一定的资助；适当免除或者减少贫困学生的学杂费、考试费用、参加课外辅导费用等各项费用；为参加国家级别考试的学生提供 75% 的补助，若学生是获取 MCYS 公共援助计划的资格，便可以获得全额的考试费用补助。

（四）资助措施灵活多变

新加坡政府揆情审势，按照高校学生的实际情况及全国经济发展状况，制定出了灵活多变的资助政策，以为社会、为国家培养出更多的人才。例如，在学费上涨及就业状况不佳等状况下，政府会及时对奖学金的金额及资助对象的范畴进行调整，以便为更多的家庭经济困难学生提供及时的帮助。为了应对学费上涨的情况，确保才学兼备的学生不因经济困难而放弃学业，新加坡政府为这些学生提供了奖学金、针对家庭经济困难学生的助学金、助学贷款等各种资助。譬如，新加坡政府为高校学生基本研究提供相应的资助资金，以保障从事相关科学研究的学生不因学费的上涨而放弃学业。从整体状况来看，新加坡政府为学生提供的助学贷款金额也相对较高。例如，针对科学技术学院学生而设置的助学贷款金额便高达 50 万新元；为了帮助家庭经济困难的学生顺利完成高等教育，新加坡政府还为这些学生设置了 100 万新元的学费贷款资金，学生能够贷款相当于学费总额 70% 的资金。伴随着高校学费的不断上调，越来越多的高校学生选择申请助学贷款。

除此之外，新加坡政府还灵活规定申请贷款学生偿还贷款的期限。例如，政府规定为高校学生提供学费贷款的机构承诺不管申请贷款学生的父母收入状况是高还是低，均能够享受到相当于 65% 学费的贷款，就读于工艺学院的学生能够享受到相当于 40% 学费的贷款；同时规定贷款学生在毕业 2 年以后便开始偿还贷款，并应该在 15 年之内偿还全部贷款金额及利息。高等教育机构负责管理由政府提供的无息贷款相关事务，监督贷款学生在毕业 5 年之内还清贷款。如果出现社会经济不景气的现象，政府还会采取暂停贷款学生一年之内的偿还义务、不涨学费、免除或部分免除利息等对家庭经济困难学生有利的措施。例如，批准贷款学生按照新加坡四大银行贷款利息的平均数来支付学费贷款利息。

总体来讲，新加坡高校资助育人工作显示出的特征，这些特征显示了政府极其重视资助育人工作的教育功能。新加坡政府在帮助不同阶段的学生完成学业的同时，将扶贫与扶志有机连接在一起，着重健全学生的人格、提升学生的综合素养及社会责任意识，以便通过使学生接受更高水平的教育来改善其家庭的经济状况。

三、新加坡高校资助育人工作对我国的启示

目前，新加坡高校资助育人体系存在一定的优越性，不管是加大教育资金的投入力度，还是设置覆盖面大的助学求职资助，均显示出其资助体系的多元化趋向。新加坡高校资助育人工作形成了一个完备的体系，不仅有针对学费的资助措施，还有针对考试费用、课外辅导费用等各类费用的资助措施，显示出较大的弹性，充分展现了以人为本的教育理念。而我国高校资助育人体系有待进一步完善，助学贷款审批程序复杂、资助力度不够等问题亟须解决。探究新加坡高校资助育人体系的成功经验，能够为我国高校资助育人体系的完善提供一定借鉴。

（一）筹集更多资助资金

从新加坡高校资助育人体系可以看出，政府不仅直接为高校学生提供一定的资助资金，还通过专项投资的方式获取更多的利润，将所获得的利润平均分配给每个在校就读的学生，用来支付他们的高等教育相关费用。加之，新加坡政府历来比较重视高等教育，通过多年的努力使学生家长认识到子女接受高等教育所带来的优势。政府鼓励学生家长将一部分资金存入教育储蓄户头中，以便为子女储备后续教育的资金。

从我国高校资助育人体系来看，虽然政府对高校学生的资助资金逐年增长，然而伴随着高等教育事业的迅猛发展及家庭经济困难学生人数的增加，现行的资助体系还存在一定的缺陷，仍需要从各个途径来筹集资助资金。譬如，我国可以采用分层次资助学生的方法。这是因为大部分家庭经济状况相对良好的家庭往往比较关注子女的教育经费储备，预先会为子女接受高等教育储存一定的资金；而那些经济困难的家庭连最基本的生活需求都不能保障，他们并没有多余的资金来资助子女接受高等教育，更有一部分不负责任的家长将有限的资金花费到其他方面，导致子女没有多余的资金接受高等教育。

针对这种情况，我国政府可以通过专项拨款来进行投资，将投资所得的收益分发给每个学生，以便使他们有更多的经费继续学习。除此之外，我国还应该鼓励学生家长为子女储存一定的资金，必要的时候也可以采取强制性的措施，以确保学生有充足的资金用于高等教育；政府还应该鼓励社会各界人士积极投身于高校学生资助工作，以拓宽资助经费的来源，确保资助经费来源的长期性。

（二）推行弹性化的资助模式

从本质上看，高校学生资助育人工作是为学生学业提供帮助的一种经济行为，这就要求其必须遵守市场经济的运转规律。新加坡政府推行弹性化的资助机制，

已经取得了一定的成效，为我国高校资助育人体系的建设提供了借鉴。

简而言之，我国政府在对高校学生进行资助的同时，理应充分考虑到不同地区的物价水平、市场经济运转的具体情况、社会就业情况等方方面面的因素，及时对奖学金的限额及资助对象进行调整，以便为更多家庭经济困难学生提供更优质的服务。除此之外，从助学贷款相关政策来看，我国也应该推行弹性化的贷款管理方式。例如，在偿还贷款的时候，我国应该按照贷款学生所学的专业、家庭收入水平、当时的就业形势等实际情况，推行弹性化的还款方式。

第四章

发展型资助育人体系概述

第一节 发展型资助育人体系的内涵

截至目前，我国政府为了合理地分配教育资源、推动教育公平，已经制定了一系列相关的政策措施来确保贫困学生平等地享受到高等教育。而政府所制定的高校学生资助政策措施也对高校资助育人工作提出了新的要求。以往所实施的保障型资助的资助手段比较的单一、育人的成效也不显著，已经与当代社会发展的需求不相适应。因而，目前我国各大高校应该逐渐转变教育理念，逐步提升资助水平，构建科学有效的资助育人体系，以便与当代人才培养的需求相适应，不断为国家、为社会培养复合型的人才。

一、发展型资助育人体系概念的提出

发展型资助育人体系已经引发了高校学生资助工作人员的广泛关注及重视。截至目前，我国学者对发展型资助育人体系的研究及实践摸索已经受到了一定的成效，为我们准确掌握发展型资助育人体系的内涵奠定了坚实的基础。例如，我国部分学者主张发展型资助育人体系主要指的是以学生成长成才为主要导向，由学生自觉自发制定自身发展的目标及行动方案，高校适当地给予学生一定的经费扶持及指引并负责对实施成效进行考核，进而推动学生发展目标实现的一种资助模式。部分学者主张发展型资助育人体系指的是在保障物质资助的前提下，通过开展以育人为主要导向的教育实践活动，关注贫困学生能力的培养及素质的提升，力争为贫困学生的深入发展提供必要的经费及更多的机会，满足贫困学生个人发展的需求，帮助这些学生全面协调发展的一种资助模式。

还有学者主张发展型资助育人体系与现行的以满足高校学生的基本生活需求、学习需求为主要目标的接济型资助、输血式资助有较大的不同之处，其指的是随着经济的迅猛发展及社会的演进，各大高校按照高等教育的发展规律及学生成长的规律，以资金扶持、项目指引、物品发放、人力支撑等与学生成长成才的实际需求相贴近的一种方式；此类资助体系设置的目的在于帮助学生在克服自身经济难题的同时，提升学生的社会实践技能，更好地实现学生长久发展的功能性资助、造血式资助。

综合各方学者的观点，我们认为发展型资助育人体系主要指的是按照我国高等教育的发展规律及贫困学生成长过程中的实际需求，通过资金资助、心理疏导、科研项目指导及推动、社会实践活动、能力培养等各种各样的手段，不仅帮助贫困学生克服当前所面临的实际困难，还帮助他们提升自身的综合素养及技能、健全自身的人格品质、推动自身全面协调发展的一种高校学生资助模式。发展型资助育人体系与以往的保障型资助育人体系存在较大的不同之处，其主要关注贫困学生的个人发展，主张将输血式育人模式逐步转变成造血式育人模式，将资助和育人紧密连接在一起，这种育人模式与高校人才培养及社会发展的实际需求相吻合。

二、发展型资助育人体系的内涵

从发展型资助育人体系的概念来讲，其实际上包含了三重内涵。

（一）引导学生找准成长的方向

马斯诺的需求层次理论中提到了人类最基本的需求便是生理需求，而最高层次的需求便是自我实现。以往国家实施的保障型资助育人体系主要关注于为学生提供经济方面的帮助，以确保贫困学生不因为经济拮据而放弃学业，此种资助模式仅仅满足了学生最基本的生理性需求。我国部分学者对湖北省内的七所高校的在校学生进行了抽样调查，发现这些学校中有 19% 的学生家庭状况不甚良好，而出现发展方面困难的学生却高达 65%，这证实了伴随着国家、社会及学校等资助主体逐渐加大资助力度、拓宽资助手段，使得大多数贫困学生经济方面的困难得到了有效地解决，他们在满足基本的生活需求以后，急切想要进行深入的自我发展，进而实现自我的价值，然而当前社会各界对学生高层次需求的资助尚存在较大的不足之处。

发展型资助育人体系始终坚持以学生为本的基本教育理念，重点考虑学生的长远发展，在为学生提供经济方面资助的同时，对他们的思想观念进行正确的引导，对他们的行为举动进行规范及约束，通过开展诚信教育、感恩教育、励志成才教育等活动，激发学生的发展活力，杜绝他们形成等待他人帮助、依靠他人帮助的消极观念，逐渐使他们养成努力拼搏、自强不息的人生态度。

（二）提升学生的综合素养

实践证实，大部分贫困学生来源于比较偏远的农村地区，他们家庭的经济负担本身便比较大，兄弟姐妹的数量比较多，其成长的环境与其他学生相比有很大差异，这就导致这些学生的语言表达能力、人际交往能力等各方各面存在较大的缺陷。在这种现实情况下，为使家庭经济状况不佳的学生在未来的竞争中占据主导地位，高校应该着重提升这些学生的综合素养。发展型资助育人体系按照家庭经济状况不佳学生所欠缺的能力来制定，通过循序渐进的教育方式，始终坚持学生的学习规律及心理变化规律，设置了多种有针对性的培训班，组织开展了各类实践活动，构建相对完备的奖惩机制，以调动家庭经济状况不佳学生的潜在动力，提升他们的综合素养。

（三）帮助学生塑造健全人格

在指引贫困学生成长成才、着重提升他们的综合素养的前提下，发展型资助育人体系还应该关注塑造其健全的人格。因为价值观念及研究方法存在较大的差异性，不同的心理学家在描述健全人格的时候提出了不同的观点。然而，基本上所有的心理学家均认识到健全人格在个人成长成才、深入发展的过程中发挥着重要的作用。当一个人的人格不健全的时候，便会致使他对事物的认知及行为举动与常人相比存在一定的偏差，更有甚者还会造成无法弥补的严重后果。发展型资助育人体系认识到贫困学生普遍出现的人格方面的问题，例如自卑、压抑、焦灼、敏感等问题。为了解决这些问题，发展型资助育人体系有针对性地、有目的性地开展了相应的心理咨询、自立自强、励志宣讲等多种形式的活动，传递正能量，鼓舞贫困学生积极参与到集体性活动中，使贫困学生逐渐减轻或者完全释放自身内心深处的压力，帮助他们塑造健全的人格，感悟青春的活力。

伴随着社会的不断演进发展，社会各行各业对人才的需求越来越大，发展型资助育人模式已经变成当前社会发展的具体要求及必然选择。当前，我国各大高校亟须转变资助育人的理念，积极摸索适合本校内贫困学生现实诉求的发展型资助育人体系。

第二节 发展型资助育人体系的特征与价值

一、发展型资助育人体系的特征

（一）资助内容、资助方式、资助力量多元化

实践证实，发展型资助育人体系显示出多元化的特征，这种多元化趋势主要表现在以下三个方面。

第一，资助内容多元化。发展型资助育人体系在设计的时候充分关注到学生群体受到经济全球化、文化多元化趋势的强烈影响，使得他们对经济状况、知识水平、心理状况、能力技能等方方面面的需求逐渐增加，显示出多元化的趋势。

第二，资助方式多元化。发展型资助育人体系逐步转变了以往较为单一的经济资助方式，采取资金支持、物品扶持、人力扶持、项目扶持等多种方式，按照各个学生的实际需要及高层次发展的需求来开展个性化的资助，为学生学习及发展提供不竭的动力及支撑，推动学生的全方位协调发展。

第三，资助力量多元化。发展型资助育人体系在设计的时候融合了社会发展的实际需求，极大地吸引了社会各界人士的广泛参与，转变了高校学生资助资金来源单一的缺陷，拓宽了资助资金的来源途径，逐步构建了国家、社会、学校等全员、全过程和全方位的重视学生的良性发展机制。

（二）确保高校资助育人工作及学生的可持续发展

发展型资助育人体系还显示出可持续性的特征，该特征主要表现在以下两个方面。

一方面，发展型资助育人体系是按照家庭经济困难学生成长的不同阶段及不同需求而制定的，旨在培养贫困学生的优良品质、综合能力，关注对这些学生的情感激励及心理疏导，着重提升他们的人际交往能力及专业技能、锻炼他们的实践动手能力，深入挖掘学生的内在潜能，提升学生可持续发展的能力。

另一方面，发展型资助育人体系充分认识到学生自身发展的重要性，采取项目制的运转方式，不仅有利于集中对各项事务进行管理及考察，还有利于对高校资助育人的实际成效进行评估，推动高校资助育人工作的可持续发展。

（三）以学生为主体

发展型资助育人体系突出展现了接受资助学生的主体地位。

一方面，发展型资助育人体系在设计的过程中便关注到学生的发展意图。发展型资助育人体系并不是高校单方面的一种行动，还应该将受资助学生的思维观念及看法融入进去，这个体系应该是高校及学生二者智慧及意愿的结合体，是二者集中意识的突出表现。

另一方面，发展型资助育人体系在实施的过程中十分尊重受资助学生的主体感触。发展型资助育人体系在设计的过程中集中转变了提供资助者及接受资助者的思想观念，充分关注到学生的个人需求，依照学生成长成才的客观规律，并融合不同学生的具体特征及发展需求来开展资助活动，使学生在自主自愿、平等公平的前提下接受社会各界的资助，从社会及他人的资助和关怀中获取精神上、物质上的扶持及帮助，获得了社会各界人士的理解及尊重，树立起直面困难、解决困难的勇气和决心，努力拓宽自身的知识架构，提高自身的生存技能及其他技能，努力寻求长远发展的方式及渠道。

（四）引导学生参与各项资助工作

与以往的保障型资助育人体系相比，发展型资助育人体系在指引学生全面参与到资助工作的全过程方面下足了功夫。

一方面，发展型资助育人体系有效引导学生积极参与到资助对象评定、资助政策实施、资助活动评估等活动中。发展型资助育人体系引导学生将改善自身的生存状况及生活条件，从一种自身观念及内心需求转变成一种积极的外在行为，促使学生勇敢直面生活及学习过程中出现的问题及自身的真实需求，逐步提升学生的思想观念，引导他们自主探寻解决问题的手段及方式，充分发挥学生的内在潜力及智慧。

另一方面，发展型资助育人体系鼓励学生积极参与到校外兼职、勤工助学各类等社会实践活动，引导他们在参与的过程中获取经济上的资助，同时获得自信心、成就感、幸福感，提升他们的社会责任感及回馈社会、感恩他人的意识。

二、发展型资助育人体系的价值

高校资助育人工作的主要目的是确保教育的公平性，其核心价值理念是育人，具体来讲便是为国家、为社会培养复合型的人才。资助仅仅是一种方式，发展是主要的途径，育人才是最终的目的。发展型资助育人体系的构建和高校人才培养的目的基本保持一致，将资助与育人紧密结合在一起，充分显示出资助育人的价值。发展型资助育人体系的价值集中体现在育人、价值引领、激励学生成长成才、约束资助工作人员及学生的行为这四个方面。

（一）育人

与以往保障型的资助育人体系相比，发展型资助育人体系不仅从经济层面上对学生实施了帮助，满足了不同学生最基本的生活需求，还从思想观念上对学生进行引导及教育，顺利完成了资助及育人的双重作用。发展型资助育人体系以解决贫困学生的实际难题为入手点，将解决学生的实际困难及解决学生思想观念方面的问题融合在一起，力争使学生树立奋勇拼搏、努力向上的优良品质，着力培养学生的感恩及诚信意识，使他们形成正确的三观。

发展型资助育人体系转变了培养学生的能力及资助方式等方面的观念，着力开发学生的潜能、磨砺学生的意志，逐步提升学生的满足感，促使他们将个人的发展和社会的发展、国家的发展紧密连接在一起，将自身价值的实现与社会价值的实现紧密相连，力争在国家整体发展的过程中实现自身的价值，显示出高校学生资助工作的育人效用，进而促使资助工作朝着健康协调、持续的方向发展。

（二）价值引领

目前，我国各大高校通过奖、助、贷、补、勤、免、偿多种资助形式，对高校贫困学生的生活及学习提供了有效的资助，保障了贫困学生有饭吃、有衣穿，然而忽视了对学生健全人格、情感意志、思想观念、技能培训、深层次发展等各方各面的引导，并未能真正满足学生在成长成才过程中的发展型需要。

发展型资助育人体系紧紧围绕学生成长成才的需求，将素质教育、技能培训、实践能力锻炼纳入体系设计，有针对性地、目的性地开展素质拓展、能力培养工作；指导学生明晰成长成才的正确方向，端正自身的学习态度，培养学习各方面知识及技能的兴趣，提升学生自身的社会实践能力、学习思索能力、人际交往能力等；指导学生确立远大的、切合实际的发展目标，鼓励他们努力学习、锐意进取，通过自身的努力、劳动、创造活动改善当前的生活状况，在参与资助活动及实践活动的过程中发现自身的问题并及时解决这些问题，提升各方面的能力，促使他们在劳动创造中获取到相应的经济报偿及成功的获得感。

（三）激励学生成长成才

激励主要指的是鼓舞人们采取各种行为举动的心理历程。科学的、合理的、有效的激励能够充分调动人们的潜能及激情，促使人们开展各项活动的动机更为强烈，逐渐催生超越自我及战胜其他人的欲求及意愿，并将人们内在的驱动力完全释放出来，为长远目标的实现而发挥助推作用。可见，科学的、合理的、有效的激励能够成为人们长远发展的不竭动力及重要保障。

每一位高校学生均希望成长成才并在各自的领域内有所成功，然而成长成才目标的实现还需要学生自身内心中具有强烈的意愿，并将这种意愿付诸到实际行动中。发展型资助育人体系始终关注学生的实际需求，激励学生确立远大的发展目标，并及时纠正自身由于认识不足、理解不够、行动未跟进、外部因素等因素而导致的目标偏离现象。同时，发展型资助育人体系还能够激励学生产生新的需求、精准的动机、美好的发展意愿，也对被动学习的学生产生一定的激励效果，促使他们逐渐产生自主成才、自我发展的意愿，明晰奋斗的方向，并通过实际行动逐渐接近或者完成目标，在实践的过程中收获相应的成果，树立自信心、自尊心，满足个人成长成才、自我发展的需求，推动自身更好更快的发展。

（四）约束资助工作人员及学生的行为

约束实际上指的是对某个事物或者个体进行限制管束，进而使其不超越某种范畴。发展型资助育人体系能够使资助工作管理者、资助申请学生对自身的行为进行约束及管控，使各类主体的行为举动及各项工作的实施均符合高校学生资助政策的要求。学院、学生组织应该依照政策的具体规定来开展资助认定工作，并制定行之有效的实施方案，转变以往那种按照学生的学业成绩来评定的现象；学生在申请资助的时候也应该遵循政策的要求，逐步转变以往被动接受资助的现象，将被动地接受转变成主动的行动，并逐渐养成必要的需求意识、责任意识，规范自己的行为举动。

除此之外，在资助育人工作开展的过程中，高校相关工作人员还应该强化监督考核制度，指引学生对自身的行为举动、思想观念进行控制，依照时间的要求及任务的目标来开展各项活动，进而获取经济上的资助。在实施发展型资助育人工作的过程中，逐渐培养学生的自我管理能力及自我调控的能力，规范他们的行为举动，依照政策的要求来完成申请工作，逐渐转变自由散漫、随性的思想观念，将外部的刺激转变成自身内在的需求，而后将这种内在需求外化于自身的实际行动中，逐渐形成优良的行为习惯及思想观念。

第三节 高校构建发展型资助育人体系的必要性与可行性

目前，文化多元化、经济全球化的趋势不断加深，各个国家及地区之间综合国力的竞争日渐激烈。为了提升我国的国家竞争力及综合实力，我们应该集中力量推动高等教育事业的发展，逐渐转变不合时宜的高等教育理念，从根本上提升高等教育的质量。资助育人作为人才培养任务的一个有机组成部分，更应该逐步转变教育理念，将高校资助育人工作与学生的实际需求相结合，为新型资助育人体系的建构打下坚实的基础，与我国高等教育所具备的人才培养目标基本吻合。

一、学生的多元化需求为构建发展型资助育人体系提供了现实基础

当前，高校学生资助政策体系已经比较完备。在这种情况下，学生关心的并不单单是经济方面的资助，而是各方各面的资助，其对资助的需求呈现出多元化的趋势。根据关于高校学生实际需求的一项调查，有 12.2% 的学生关注自身的经济问题，23.3% 的学生关注到学习问题，13.3% 的学生关注到自身心理方面的问题，48% 的学生关心发展能力方面的问题。由此可知，经济方面的问题已经不是目前高校学生最关心的问题，学生最渴望获得及解决的是发展能力方面的问题，然后才是学习问题、心理问题等。高校学生所具有的多元化需求为发展型资助育人体系的构建提供了必要的现实基础。以下主要介绍当前高校学生的实际需求。

（一）经济方面的需求

经济方面的需求一直是贫困学生最基本的一项需求。从现行的资助育人体系及资助的力度来讲，资助育人体系大体上可以实现保障贫困学生基本生活的目标及任务。根据相关调查，有 7.0% 的学生认为自身经济方面的问题已经得到了圆满解决，54% 的学生认为部分经济问题得到了解决，14% 的学生认为经济方面的问题并未得到解决。然而，从学生个体的实际需求及资助育人工作平台的层面上讲，学生仍亟须更好更有效的保障，这就要求高校资助育人体系进一步巩固及提升经济方面的资助。

实践表明，高校学生除去基本的生活以外，最关注的是与重大疾病相关的医疗保障问题，而现有的高校资助育人体系并未能满足学生在这个方面的合理需求。

大多数学生来源于经济发展水平不高的偏远地区，加之家中家庭年收入有限、兄弟姐妹人数较多，除了维系整个家庭的日常生活支出以外，供应子女上大学依然比较困难，如果遭遇到严重的疾病，便只能听天由命了，并没有多余的钱财来治疗。

除此之外，高校内实践育人活动的平台相当少。当前施行的高校学生资助项目大部分为直接发放资助资金或者物品，极少数是通过勤工俭学、兼职等既确保一定的经济收入还能够提升综合能力的资助形式，这种资助构成体系并未满足学生锻炼自身的需求。高校学生经济方面的困难只是短暂的、短时间的，同时这种困难能够通过外力的帮助来消减，然而由于经济困难而衍生的困难极有可能跟随学生一生。例如，个人整体素质、心理状况、综合能力等方面存在的不足，亟须国家、社会及学校加大资金投入，为学生提供参与社会实践活动的机会，深化实践平台的构建，才能够彻底地解决这种深层次的需求。

（二）知识方面的需求

高校内大部分学生来源于农村或者经济欠发达的地区，他们深刻认识到自身的任务重大，担负着一个家庭乃至一整个家族的殷殷期盼。“知识改变命运”的警钟时刻敲打着他们，只有通过读书才能够转变当前的生活状况，进而实现自身的远大理想及目标。进入高校以后，这些贫困学生能够参加学校组织开展的各种教学活动，获取到科学文化方面的知识及技能，寻求自身的长远发展，并逐渐转变成我国经济社会发展的建设者及推动者，进而为人生价值的实现奠定必要的文化基础，促使他们为自身的未来及远大理想而努力奋进。

高校学生应该始终与社会发展的需求相适应，快速提升自身的竞争能力，并以过人的意志来顺利完成自己的学业，通过自身的努力奋进来填补经济方面的欠缺。一部分学生从刚刚进入大学便开始着手准备考研的事情，显示出较强的求知意愿。上文中提到了大致有 23.3% 的学生表现出对知识的无限渴求。高校是培养人才的主要平台，是传输知识的主要途径，更应该引导学生进入知识的海洋中，为学生创造更多更好的学习平台及实践平台，促使学生在课堂学习及参与社会实践的过程中获取到更多的知识及技能，不断强化自身的综合实力，为自身的发展提供不竭的能量。

（三）心理方面的需求

家庭经济困难的学生由于受到自身家庭经济状况、成长环境的深刻影响，大部分学生的情感与其他学生相比要脆弱得多。例如，部分学生的父母在外地工作，部分学生长期住宿在学校中，部分学生由隔代进行监护或者无人监护等，长时间欠缺与家庭成员的沟通，亲情的欠缺导致他们的心理健康受到不利的影响。他们急切希望与其他人进行沟通及交流，渴望获得社会及老师、同学的认可，渴望通过公平竞争的方式及自身的努力来转变自身的经济状况，使自身学习条件及生活条件得到相应的改善。如果单纯给予贫困学生物质方面的资助，他们便会觉得遭受到了歧视，不被其他人所尊重，甚至感觉自己对学校、对社会来讲都是一种累赘，继而丧失生活及继续学习的动力及信心，最终致使自身的学业日渐荒废、心理问题日趋严重。

在“除了经济方面的需求以外，您还渴望获得哪一方面的资助”的调查活动中，有12%的学生希望获得学业方面的帮助，14%的学生希望获得心理方面的帮助，25%的学生希望获得专业技能方面的帮助，34%的学生希望获得实践锻炼方面的资助，14%的学生希望获得人际交往方面的资助。其中，人际交往方面的需求在一定程度上显示了学生自信心的问题及心理需求的问题。因而，我们认为要想推动高校学生的健康成长，不仅需要关注他们的身体状况，还应该关注到他们的心理状况，着重对这些学生的思想进行引导、对他们的人格进行培养、对情感诉求进行仔细聆听。与此同时，高校应该强化对学生的思想引导、心理疏导、社会实践能力的训练、人际交往能力的培养，进而深入挖掘及提升学生的发展潜力，提升他们内在的发展推动力，助推学生身体健康及心理健康的协调发展。

（四）发展方面的需求

家庭经济比较困难的学生不单单显示了一个家庭的贫困状态，还显示了一整个家族的贫困状态。家庭经济状况良好的学生在进入社会以后能够借助大量的资源，而家庭经济比较困难的学生却没有这种优势。为了转变这种状况，贫困学生只能通过自身的不懈奋斗才能够实现。面对社会人才观向综合性、创新性的转变，加之参与社会锻炼的机会少之又少，贫困学生深切感受到自身的发展能力存在较大的不足之处，急切需要进行相关能力的训练。

在一项“学生参加勤工俭学活动的目的”的调查中，我们看到有17%的学生出于解决生活费用的目的，47%的学生出于锻炼自身能力的目的，20.2%的学生出于结交老师及同学的目的，15.8%的学生出于拓宽视野的能力。按照需求的不同，可以将学生所面临的困难分成生存型、发展型及没有困难三大类。根据相关调查显示，有16%的学生认为自身存在生存型困难，65%的学生认为自身存在发展型困难，仅有19%的学生认为自身没有困难。

除此之外，高校在校学生作为一个特殊的社会群体，本身数量便比较庞大。其中有相当一部分学生自身的家庭经济状况比较困难。落实推动高校学生长远发展的工作，对我国人才培养计划及高等教育的发展均发挥着重要的作用。因而，高校作为培养学生、实施教育政策的主平台，应该在确保学生基本生活需求的前提下，重视学生的发展型问题，逐渐转变资助形式，满足学生对发展方面的需求。在高校发展型资助育人体系的构建过程中更应该关注学生内心的需求及其发展需求，充分激发学生成长成才的动力；从知识传输的方面上看，应该引导学生直面现实状况，并对自己的未来发展进行合理的规划；从能力培养的方面上看，应该努力拓宽学生的知识架构，提升他们的综合能力，使他们形成战胜困难的决心，直面未来生活的各种挑战，积极参与到实践调研、创业就业活动中，为自身的可持续发展打下坚实的基础。

二、国家教育方针政策为发展型资助育人体系的构建提供了政策导向

（一）高校人才培养目标要求构建发展型资助育人体系

我国关于高等教育工作的政策性指导文件为发展型资助育人体系的构建提供了理论支撑。按照政策指引，我国高等教育应该始终坚持素质教育的发展战略，主要目标是推动学生的全面协调发展，提升学生的解决问题的能力及社会责任感，指引学生树立正确的三观。

从高校的角度来看，他们面临的是一群思维跳跃、性格突出、积极向上的学生群体，这就要求高校始终坚持学生在教育工作中的主体地位。在资助学生的过程中，高校应该始终牢固以人为本的理念，有针对性地、有目的性地开展好各项学生资助工作。具体来讲，高校不仅应该为学生提供物质方面的资助，帮助学生顺利地完成自己的学业，还应该教育和指引学生树立准确的价值观念及理想信念，培养他们坚韧不拔、团结互助的优秀品格；与此同时，高校还应该提升学生的思想素养、知识素养、能力素养，牢固全面协调发展、可持续发展的根基，促使高校学生成为具有较强的综合素养能力、突出的品质、远大的理想、坚定的信念、开阔的视野的社会事业创造者。

（二）高校人才培养的过程要求构建发展型资助育人体系

我国高等教育相关指导性文件中明确指出高校应该将推动学生健康发展作为所有工作的基本原则和目标。教育指导性文件要求高校关注到每个学生的个性特征，尊重高等教育的规律及高校学生身体健康、心理健康发展的规律，为每一位学生提供适宜的教育；同时着力培养高素质的专门型人才及复合型人才。

高校作为人才培养的主要平台，资助育人工作实际上是高等教育的一个有机

组成部分，按道理应该成为推动贫困学生全面协调发展的主要渠道、特殊渠道。从理念认知的层面上看，发展型资助育人体系的设计上为正处于成长的过程中的贫困学生提供了相应的指导及资助。高校从经济援助、心理疏导、思想观念教育、发展扶持等各个方面出发，为贫困学生提供了更多更好的帮助，为贫困学生提供了更多的实践锻炼机会，激发学生的发展潜能，提升他们的专业技能、个人能力及心理素养。这种资助方式实际上与经济社会发展对人才的需求相吻合，进而推动高校学生的全面协调发展。

（三）高校落实国家资助政策要求构建发展型资助育人体系

近年来，伴随着综合国力的提升及社会的演进，我国政府已经认识到解决学生问题的重要性，逐渐构建了“奖、助、贷、补、勤、免、偿”七位一体的高校学生资助体系，从制度方面确保了高校学生的基本生活问题。

2007 年，我国政府改革了国家奖学金制度，设立国家奖学金和国家励志奖学金，加大国家助学金资助力度；进一步完善和落实国家助学贷款政策，增设生源地信用助学贷款政策；规定学校从事业收入中提取 4%—6% 经费用于资助家庭经济困难学生；在部属师范高校实行师范生免费教育试点；对助学贷款毕业生自愿到艰苦地区基层单位从事一线工作且服务达到一定年限的实行贷款代偿政策。这标志着我国学生资助体系得到了突破性的完善，我国学生资助工作迎来了快速发展期。

2008 年，我国政府规定生源地信用助学贷款每个借款人每年申请的贷款原则上最高不超过 6000 元，贷款期限原则上最长不超过 14 年。

2009 年，我国政府规定自 2009 年起，对中央部门所属全日制普通高等学校应届毕业生，自愿到中西部地区和艰苦边远地区县以下基层单位工作、服务期达到 3 年以上（含 3 年）的学生，实施相应的学费和助学贷款代偿；从 2009 年起，国家对应征入伍服义务兵役的高等学校毕业生在校期间缴纳的学费实行补偿。

2010 年，我国政府将“家庭经济困难学生资助”列为教育领域十大重大项目之一。实行了国家助学金动态调整机制，将国家助学金平均资助标准从原来的平均每生每年 2000 元调整到平均每生每年 3000 元。

2011 年，我国政府实施了退役士兵学费资助政策，将应征入伍服义务兵役的学费补偿贷款代偿范围扩大至在校学生。规定从 2011 年秋季学期起，国家对应征入伍服义务兵役的高等学校在校生在校期间缴纳的学费实行补偿，退役后复学的原高校在校生实行学费资助；从 2011 年秋季学期开始，实施自主就业退役士兵教育资助政策。原则上退役士兵学生应交多少学费中央财政就资助多少，最高不超过年人均6000元。

2012年，我国政府明确指出中国教育发展基金会使用中央专项彩票公益金润雨计划专项资金资助普通高校家庭经济困难新生到校报到。

2013年，我国政府规定从2014年秋季学期起，“研究生学业奖学金”按照博士研究生每生每年10000元、硕士研究生每生每年8000元的标准以及在校生人数的一定比例给予支持；“研究生国家助学金”博士研究生资助标准不低于每生每年10000元，硕士研究生资助标准不低于每生每年6000元；“高等学校学生应征入伍服义务兵役国家资助”本专科生每人每年最高不超过6000元，硕士研究生每人每年最高不超过8000元，博士研究生每人每年最高不超过10000元，申请人员扩大至往届毕业生。

2014年，我国政府调整了国家助学贷款最高限额，并相应调整入伍学生学费补偿贷款代偿标准。规定全日制普通本专科学生每人每年申请贷款额度不超过8000元；年度学费和住宿费标准总和低于8000元的，贷款额度可按照学费和住宿费标准总和确定。全日制研究生每人每年申请贷款额度不超过12000元；年度学费和住宿费标准总和低于12000元的，贷款额度可按照学费和住宿费标准总和确定。

2015年，我国政府规定国家助学贷款最长期限从14年延长至20年；还本宽限期从2年延长至3年整；建立国家助学贷款还款救助机制，对因病丧失劳动能力、家庭遭遇重大自然灾害、家庭成员患有重大疾病以及经济收入特别低导致确实无法按期偿还贷款的毕业借款学生实行还款救助。同时还实施了高校毕业生入伍直招士官学费补偿贷款代偿政策。

2016年，我国政府要求各高校及时修订家庭经济困难学生认定办法，合理确定认定标准；健全工作机制，强化责任意识；精准分配资金名额，明确重点受助学生；开展调查研究工作，保护受助学生尊严。

2017年，被确定为“全国学生资助规范管理年”。我国政府要求各高校进一步完善学生资助政策，进一步提高资助精准度，进一步优化学生资助工作机制，进一步加强资助育人工作。至此，我国学生资助发展内涵更加丰富，逐步由保障型资助向发展型资助转变，资助资金逐年增长，精准资助全面推进。

2018年我国政府对高校勤工助学管理办法进行了修订，从组织管理、薪酬标准、资金使用等多个方面提出了新的要求。同时对家庭经济困难学生认定工作提出了新的指导意见。由此可见我国学生资助工作也逐步由粗放型向精准型，扶困与扶志、扶志相结合的新方向不断迈进。

三、国内外学生资助方式的探索为构建发展型资助育人体系累积了实践经验

（一）国外学生资助方式的探索为构建发展型资助育人体系提供了实践经验

高校学生资助问题具有相通性，这也是西方各大高校异常关注、亟须解决的一个共性问题。虽然一部分国家的经济实力较强，对高等教育的投入也比较充足，然而这些国家依然注重推动学生资助工作的可持续性，也十分尊重每个学生的个性特征，并根据这种现实状况来开展资助工作。这些国家逐渐加强对高校学生资助体系的建设，逐步优化资助育人的体系架构，提升应对多种风险的能力，不断探索更有效、更完善的资助方式及措施。

上文中提到美国、英国、日本、澳大利亚、新加坡等国家纷纷制定了高校资助育人工作机制。以美国为例。美国广泛开展了“大学工读计划”。工读计划实际上是一项由美国联邦政府为高校学生提供经济补助的计划。工读计划是以学校为基础的一种资助形式，具体是指学生利用课余时间通过多种途径而获取报偿的一种资助形式。学生在课余时间内广泛参与到社区服务工作及其他与学业有关的服务性工作中，并按照每个小时或者每月来获取报偿。当为学生指派工作的时候，雇主或者财政援助管理员会充分考虑到受资助者的课程时间、科研进展情况、资助资金的数额等各方面的因素。这种资助形式能够为高校学生提供更多的资助选择，使学生通过自身的努力来获取生活费用及教育费用，帮助贫困学生顺利地完成学业。除此之外，各种社会实践活动锻炼了学生各方面的能力，丰富了他们的课余生活，为其未来的就业增添了经验，同时在指引学生回馈社会、服务社会等方面也发挥了较大的助推作用。

除此之外，爱尔兰实施的“三位一体”的资助形式也得到了突出的成效。爱尔兰高校学生资助方式大体可以分为赠予型资助、推迟付费型资助、自助型资助三大类。其中，赠予型资助主要指的是捐赠者无偿为高校学生提供资金支持，帮助这些学生顺利完成学业；这种资助方式主要囊括了奖学金、助学金、减免学费、教育凭单等子类别。自助型资助指的是学生通过参与各种工作而获取报偿的一种资助方式，这种资助方式主要囊括了勤工作学等。推迟付费型资助指的是帮助学生解决短期内的困难，使他们先完成学业，毕业以后再按照其个人收入情况来偿还教育成本的一种资助方式，主要囊括了贷学金、雇主资助、毕业生税等多种形

式。自助型资助的方式对学生的精力及时间的要求比较高，也是提升学生综合素养的一种有效渠道，对学生发展及高校人才培养均产生了推动作用。

（二）国内学生资助方式的探索为构建发展型资助育人体系提供了实践经验

近年来，我国高校资助育人体系逐步完善，国家及社会的资助力度逐步加大，大体上确保了高校学生的基本生活。在这种背景下，我国各大高校逐步摸索了资助工作的定位、方向、措施等问题，这些实践活动集中表现在以下两个方面。

一方面，对学生劳动技能的培训。譬如，广西师范学院自主筹备培训资金，邀请国内外的优质教师针对家庭经济困难学生展开了一系列的技能培训；学院开展了考研培训、外语考试培训、专业技能等级考试培训、计算机运用能力培训、公务员考试培训等。陕西科技大学开展了提升个人能力计划，逐步提升了学生的社会适应能力；具体而言，学校组织开展了小手工艺制作技能、家电维修与维护技能、数码影像设计应用等相关的技能培训。山东大学开展“助学育人”网络技能培训，向学生颁发国家劳动和社会保障部认证的“计算机网页设计师”资质证书等，着力提升学生的劳动技能。

另一方面，提升学生的综合能力。譬如，江南大学从学生的角度出发，开展思想观念教育、生活服务、学业引导、能力提升的弹性育人模式，鼓励学生自主选择适宜自身的发展模式，推动自身的成长成才。华中农业大学充分关注学生的心理健康教育，将心理疏导与经济层面上的资助紧密结合在一起，依靠素质拓展部及心理健康协会等相关组织机构在全校范围内广泛开展心理健康教育，指引学生全面协调发展，从根本上解决学生心理方面出现的问题。浙江大学实施了“家庭经济困难生教育实践项目（NSEP）”，帮助开发学生的潜能，提升学生的自我管理能力、人际交往能力、社会适应力、协调全局能力等各方面的能力，使学生养成感恩意识、社会责任意识，引导他们在以后的工作生活中回馈社会各界人士的关爱，为社会深入发展贡献一分力量。东北师范大学秉持以学生为本的育人理念，始终坚持帮助学生顺利完成学业、推动学生全方位协调发展的育人目标，采取经济资助与素质提升齐头并进的“双线资助”模式。这种“双线资助”模式关注到学生志向高远、知识广博、各方面压力大等特征。第一，以经济层面上的资助为基础，通过资金资助使解决学生上学难的问题；第二，重视对学生各方面的指引及教育，尤其是关注到学生由于经济拮据而导致的心理问题、精神问题、能力不足问题等。上述各大高校所实施的资助措施，不仅仅解决了学生经济方面及物质方面的需求，更重要的是关注到学生全面发展的需求，推动了学生的全方位发展。

（三）PHE资助项目为构建发展型资助育人体系提供了现实案例

PHE项目实际上旨在提升高校贫困学生综合能力的一个项目。该项目在美国福特基金会的资助下推行开来，我国西部地区的八个省区中均设置了相应的实施项目。项目的主要宗旨是提升高校贫困学生的个人能力，旨在教会学生生存的方法，而不单单是为其提供暂时的帮助。项目从提升学生的个人能力的角度出发，关注贫困学生长远的发展，注重解决高校贫困学生在学习、人际交往、就业创业、适应环境等活动中所产生的心理问题，通过对学生实施心理健康疏导、组办团体性的训练活动，减缓高校贫困学生心理方面的问题，帮助他们战胜心理障碍，提升他们的心理素质，为其以后的成长成才活动奠定基础。

PHE项目通过技能方面的培训、组织开展各种实践活动、提供心理健康辅导等手段，培养了高校贫困学生的独立自主观念、自主创新观念，使贫困学生熟练掌握了谋求生存的技能，鼓励他们通过自身的努力来获取财富，从本质上解决了学生的生活问题。2005年，宁夏大学在实行PHE项目的时候，并未将资助资金直接发放给贫困学生，而是将这些资金全部用来锻炼学生的实践动手能力，旨在解决学生所面临的发展型问题。这个项目将资助贫困学生的理念从感性转变成理性、从被动资助转变成主动资助、由输血式育人转变成造血式育人。通过资助模式的调整，宁夏大学的资助育人工作取得了突破性的进展。成功的实践活动证实了PHE项目所开展“造血式育人”方式成效突出，不仅提升了高校贫困学生的竞争能力、生存技能，还有效提升了学生的综合素养、生存能力，逐步缩减了贫困学生和非贫困学生之间的巨大差距，在推动学生的长远发展及全面发展方面发挥着重要的作用。

综合以上论述，国内外高校在教育教学实践活动中摸索了更适宜、更科学的学生资助模式，并关注到学生全面协调发展、可持续发展方面的需求，始终坚持资助育人的目标，满足了学生内在发展的需求，为构建发展型资助育人体系提供了一定的借鉴。

第四节 高校发展型资助育人体系的构建思路与设计

保障型资助育人体系与发展型资助育人体系实际上分属于资助工作的两个不同环节。保障型资助育人体系是最基础的一种资助模式，发展型资助育人体系则是高校学生资助工作的高级阶段，是保障型资助育人体系的升级版。发展型资助育人体系的构建是高校在贯彻国家学生资助相关政策、保障学生基本生活需求的前提下，对教育相关资源分配所做出的科学合理安排。

一、高校发展型资助育人体系的构建思路

发展型资助育人体系在构建的时候，始终坚持了科学发展观的指导思想，以满足高校学生的发展型需求为导向，以推动学生的全方位协调发展为主要目标，以过程引导、项目支持为运转方法，始终坚持高校为国家、为社会培养各方面人才的工作大局，依照分层设计的整体构建思路，从整体的角度上对体系的构建出谋划策，以推动学生的全面协调发展、可持续发展。

（一）发展型资助育人体系的构建应该助推人才培养目标的实现

我国各项教育事业均应该坚持育人为本、德育优先的理念，持续开展素质教育，提升教育事业的现代化水准，力争培养优秀的人才。高校的主要任务是培养人才，培养符合社会需求的人才是国家赋予高校的主要任务，因而高校应该将推动学生的成长成才作为各项工作的基本立足点。高校应该依照我国高等教育的基本发展规律及学生身体及心理发展的规律、高校自身的发展定位及不同学科的特征，来具体制定适宜的、科学的人才培养计划及培养目标，推动学生的全面协调发展、健康发展，适应社会的实际需求，为社会、为国家培养复合型的人才。发展型资助育人体系不仅帮助学生解决经济方面的困难，还培养了学生的社会适应能力，提升了学生的综合素养，彰显了我国高校培养人才的特色，充分展现了资助育人的作用，在完善高校人才体系上也发挥着重要的作用。

（二）发展型资助育人体系的构建应该助推高校学生的全面协调发展

从本质上讲，我国高等教育的办学任务是培养人才。要想推动学生的全面协调发展、可持续发展，各大高校应该对学生的发展型需求有深入而全面的了解，并积极采取措施对学生的思想观念、行为举动进行引导，鼓励学生积极参与到社会实践活动中，逐步优化学生的知识架构，提升学生的学习能力、社会适应力、综合素养。发展型资助育人体系将推动学生的全面协调发展、满足社会的发展型需求视为检验资助成效的主要标准。发展型资助育人体系应该引导高校学生掌握生存、生活的所需的知识及技能，鼓励学生自主进行摸索，使他们主动适应这个不断转变的社会。除此之外，发展型资助育人体系应该充分重视高校学生自己的

选择，鼓励学生朝着个性化的方向发展，充分激发高校学生的学习热忱，为复合型人才创造一定的条件，促进学生个性化发展与全面协调发展的有机统一。

（三）发展型资助育人体系的构建应该助推学生资助工作的科学发展

构建高校学生资助体系，是我国为推动教育公平而实行的一项主要措施。国家及社会各界应该广泛关注到维系高校学生的人格尊严，重视不同学生的个人愿望及需求，不断增强高校学生资助工作的育人功能，发挥资助工作在鼓舞学生、指引学生发展方面所发挥的作用，调动学生的学习积极性和主动性，提升他们可持续发展的能力。发展型资助育人体系按照不同学生的不同诉求、不同发展目标、不同起始位置、不同能力水准来设计各个项目，能够满足学生的多元发展需求，指引学生采取正确的途径来成长成才，使资助育人工作朝着正确的方向前进。与传统的按照资助育人成效来评估资助工作的方法相比，以项目制为主要内容的发展型资助育人体系设计能够有效对资助的过程进行全程监督及管理，这种资助模式能够有效评估考核资助的真实成效，推动高校学生资助工作的可持续发展、健康发展。

二、高校发展型资助育人体系的构建原则

（一）以人为本

目前，我国教育始终坚持以人为本的基本理念，并以推动学生的全面协调发展为主要目标，教育的最终目标是推动人的发展。以人为本实际上指的是使人在自身发展、能力增长、人格的完善中明确目标并能自觉行动，在成长成才的过程中感悟到成就感及幸福感。家庭经济困难的学生不仅仅是高等教育的主要对象，同时也是高校学生资助工作的主要受益者。因而，在构建发展型资助育人体系的过程中，应该始终坚持以人为本的理念，应该充分认识到学生在各项教育活动处于主体地位，应该尊重学生心理方面的需求和发展型需求，进而构建多样化、多途径的资助育人体系。发展型资助育人体系应该满足不同学生不同类型的发展型需求及成才意愿，为学生成才成长提供便利，逐步提升学生的个人发展能力，使他们成为知识面宽广、人格健全、各方面能力突出的优质人才。

（二）重视实效

重视实效指的是关注不同学生的个人意愿和需求，关注高校学生资助工作的

实际发展过程。我国制定的与高校德育工作相关的文件明确指定了高校不仅应该解决学生的实际问题，更重要的是解决学生的思想问题。高校学生资助工作要想发挥实效、顺利完成资助任务，便应该始终坚持统筹兼顾的理念，将国家制定的高校学生资助政策与高校的实际状况、学生的实际情况相结合，并及时对所设计的资助方式进行调试及补充，进而维持资助育人体系的平稳运作及健康发展、持续发展。

在构建高校发展型资助育人体系的时候，应该重视资助工作的实际效果，尽可能发挥高校学生资助工作对高校学生成长成才所发挥的实际效能。为此，应该做到以下三个要点。首先，在设计资助项目的时候，应该适当对学生进行引导，彰显社会各界对高校学生的人文关怀，最大限度地做到学生发展有所需、资助工作有所助；其次，在实践实行各个资助项目的过程中，应该助推学生的发展，重视学生的实际需求，按照学生的实际需求来设立相应的资助项目，提升资助工作的针对性、目的性，在解决学生经济方面的问题的同时解决他们的发展型问题；最后，在定位发展型资助育人体系功能的时候，应该强化学生的发展，不单单要助困，更重要的是要育人，为社会、为国家培养全面协调发展的复合型人才、专业型人才，强化高校学生资助工作的实效性。

三、高校发展型资助育人体系的基本框架设计

发展型资助育人体系坚持以人为本、重视实效的基本理念，关注学生的发展型需求及资助工作的实际情况，按照“全面、协调、可持续”和“科学化、人性化、系统化”的工作思路进行构建。这里所讲的科学化指的就是满足不同学生的不同发展型需求，按照不同学科、不同年级学生特定的个人爱好来制定设计思路，设置适宜的、科学的资助项目，凸显高校学生资助工作的效果，使学生在接受社会各界资助的同时，真切感悟到资助工作对自身发展所产生的帮助；人性化主要指的是资助项目的设计者应该从学生的角度出发来思索各种问题，真正做到为学生着想，设计出能够对学生自身发展、持续发展产生积极推动力的资助项目，进而推动学生的全面协调发展；系统化指的是从学生的长远发展出发，遵循高校人才培养的目标及任务，使学校管理制度相互衔接协调，形成管理运行体系，为学生持续发展、全面发展提供运行方面的保障。具体而言，高校发展型资助育人体系可以细分成教育指导体系、项目支撑体系、管理运转体系、评价考核体系四大类。以下详细介绍各个体系所开展的不同项目。

（一）教育指导体系

高校在实施教育引导体系的时候，应该以教育指导为助推力、牵引力，采取项目制的运转方法，培养高校学生尤其是家庭经济困难学生的综合素质，增强学生持续发展、全面发展的技能。总的来讲，教育指导体系所采取的项目主要包括了技能培训类项目、视野扩展类项目、人格培育类项目、素质拓展类项目四大类。

1. 技能培训类项目

根据不同学生的特殊需求，将增强学生的生存生活技能作为主要目标及任务，组织开办与之相关的技能培训类项目，鼓励学生自愿自发参与到各种实践活动中，增强他们的专业性知识及基础技能，提升他们的专业学习能力，指导他们将专业所学知识运用到实际生活中，提升他们的生存能力，牢固树立为社会、为国家服务的信念和自主创业择业的自信心，为其未来的工作、生活打下坚实的基础。

2. 视野扩展类项目

由于受到区域发展状况、外部环境及条件的制约，高校贫困学生获得到的讯息往往比较落后，他们的思维方式和思想观念、视野等方面均会受到不同程度的影响。视野扩展类项目的设置能够使学生获取到更多的讯息，促使他们转变自身的思维方式、思想观念，对以往的学习过程及生活状态进行反思，对自身所追求的目标进行审视，进而树立更加远大的、适宜的、科学的发展目标。

3. 人格培育类项目

人格培育类项目能够使学生对自身有清晰的认识，促使他们及时对自身不同阶段的发展状况进行剖析。通过人格培育类项目的指引及教育，能够帮助学生形成准确的思想认识，使他们充分认识到自身所肩负的重大责任，进而增强为社会及国家发展做贡献的责任意识。与此同时，人格培育类项目还能够指引学生树立自信心，以坚强的意志面对生活中的各种苦难及挫折，找寻有效解决问题的方法，养成自强不息、互帮互助、独立自主的精神，努力塑造青春阳光、积极向上的新形象；鼓励学生将自身所具备的知识及技能应用到实际中，以实际举动来回报社会，成为对社会有所贡献的人。

4. 素质拓展类项目

素质拓展类项目充分考虑到大多数贫困学生存在自卑、孤僻、内向等不良性格特征，为学生创建与其他人深入交往、积极参与社会实践活动的交流平台。素质拓展类项目引导和动员学生积极参与到各类活动中，促使他们在与他人进行交往和参与劳动实践的过程中提升自身的人际交往能力及社会实践能力，进而提升他们的综合素质，体现高校学生群体的实际价值，鞭策他们勇敢地克服自身的缺陷及不足。

（二）项目支撑体系

项目支撑体系同样也关注到学生发展型需求，以推动学生综合能力的提升为主要目的，按照项目制的方法来展开各项工作，着力解决学生当前所面临的实际问题及发展性问题，统筹考虑学生在校期间的学习状况及发展，为他们的持续发展提供强大的助推力。

1. 学院层面的资助项目

高校学生正处于人生中新的起点，应该不断发挥自我的聪明才智，努力奋进。高校的主要任务是培养符合社会及国家需求的人才，学生在这个阶段内的中心任务便是学习。因而，在设计资助项目的时候，应该紧抓重点任务、重点目标，为引导和培育学生做足准备。针对学院的资助项目便是根据此种观念所制定的，其在学生发展过程中发挥着重要的作用。

首先，学院层面上提供的资助项目可以端正学生的学习态度。大一新生刚刚由高中生活转入大学生活，他们进入一个色彩斑斓而又生疏的新环境中，既激动又迷茫，新的生活状态、新的同学、新的朋友、新的学习模式、新的管理方式会对他们产生一定的影响，加之社会上各种不正确的观念的影响，极易使他们丢失方向，丧失继续发展的动力。因而，按照大一新生所展现出来的特征来制定引导学生热衷于学习的资助项目，能够帮助学生端正自己的学习态度，更好地实现两个学段良性转换。

其次，学院层面上提供的资助项目能够引导学生的兴趣爱好。大二学生已经对大学的学习及生活状态有了一定的认识，已经掌握了基本的知识及技能，展现出比较强烈的求知意愿。学校应该按照这种发展状况进行引导，鼓励这些学生在重视学习的同时，还应该培养他们的兴趣爱好，加深他们对专业知识、专业技能的认识。例如，通过学习互帮互助项目、学习实践项目等不同形式的项目，提升学生思索问题的能力和学习能力。

最后，学院层面上提供的资助项目能够提高学生的综合素质。高年级的学生历经大一时期的学习培养、大二时期的兴趣指引，不仅已经掌握了特定的专业知识，还掌握了一定的社会实践能力，已经对各种社会现象、自身成长发展的路径形成了新的认识，同时对自己存在的问题也有了更加明晰的了解。因而，学院层面的资助项目结合了学生自身存在的缺陷以及发展型需求，能够提升学生的综合素养，助推学生的长远发展。

2. 学校层面的资助项目

学校层面的资助项目实际上是指可以提升学生的综合素养、社会实践能力、视野拓宽深度的资助项目。高校学生在国家及学校制定的人才培养计划的指引下，深受资助政策转变及社会发展对人才需要的影响，同时受到学生自身发展利益的驱使，致使他们更加关注于各种问题，探究问题的层次也更加深入，学校层面制定的资助项目有效提升了他们的创新发展能力。

一方面，学校层面所设置的资助项目能够培养学生的创新意识。首先，此种资助项目结合了我国经济社会发展对复合型人才的实际需要，有针对性地对具备一定探索能力、发展潜能的学生进行资助，通过资助促使学生深入探究科学的真理，提升他们发现问题及解决问题的能力。其次，此种资助项目通过资助锻炼学生的组织能力、管理各项事务的能力、协调事务的能力，使学生在参与社会实践的过程中树立自信心，提升学生的综合能力。最后，此种资助项目通过学生对商业性质的实战进行模拟，提升了他们的商业分析能力和决策实战能力。

另一方面，学校层面所设置的资助项目能够拓展发展视野。目前，经济全球化、文化多元化发展趋势的深入推进对我国高校的人才培养提出了新的挑战。在这种背景下，高校应该结合学生自身的专业需求及探索实践能力，围绕学科专业需求及国内、国外科技技术发展方向，为学生提供必要的资助，使他们远赴国内、国外的高校中进行学习，并广泛参与到国际学术会议中，进而拓宽他们的思路，提升他们融入社会的能力及适应经济社会发展的能力。

（三）管理运转体系

建立健全的管理运转体系是发展型资助育人体系规范化管理的核心环节，也是发展型资助育人体系有效运转的主要保障。具体而言，管理运转体系的建设应该关注制度建设、组织建设、信息化建设、实践平台建设、信息反馈机制建设几个方面的内容。

1. 加强制度建设

在实践的过程中，我们已经认识到缺乏一定的规矩便难成大事。从发展型资助育人体系的角度来讲，规矩便指的是制度。制度实际上是各个社会组织或者社会团体为了维护自身的正常运转、确保各项政策的顺利执行及各项工作的顺利开展，同时要求各个成员共同遵守的办事规程或行动准则。科学有效的制度措施能够提升各个单位、组织的协调性及过程管理措施的可操作性。从学校的角度来讲，加强高校发展型资助育人体系制度的建设，应该做到以下几个要点。

第一，明晰高校资助育人体系建设的主要目标及任务。高校资助育人体系应该能够引导学生明确自身成才的目标，帮助学生树立近期的学习目标及远期的学习目标，端正他们的学习态度。同时，还应该提升高校学生独立思考问题的能力、实践动手能力及综合素养，为学生营造有助于学习的校风及学风，鼓励学生积极进取、努力拼搏，确保学生朝着科学、持续、全面的方向发展。

第二，明晰需要资助的对象。依照我国与高校学生资助工作相关的政策及学校资助工作评定方式的相关要求，来制定申请资助的条件及评定需要被资助的对象。

第三，结合学校的实际状况及需求，建设相关的组织管理机构，明晰各个组织管理机构的具体职责，推动高校资助育人体系的正常运转。

第四，明晰资助的方法及渠道。在对高校学生实施资助的过程中，应该始终坚持三公的基本原则，在此基础上，来制定科学有效的资助项目、评估考核办法、组织管理方式等。

第五，明晰资助经费的保障。按照国家制定的针对高校学生各项奖学金的管理政策，足额拨付 4%—6% 的经费用作资助学生的经费保障。与此同时，鼓励各方面的社会组织及团体进行社会资金支持，以保障资助经费的充足性。

2. 加强组织建设

为了确保高校发展型资助育人体系建设的有效性、科学性，应该加强资助组织建设。与保障型资助体型所设置的学校、院系二级组织机构相比，高校发展型资助育人体系的组织建设显示出一定的优越性，且应该通过完善及补充现有的组织机构来实现。组织建设要想满足高校发展型资助育人体系多角度、多维度的管理需求及评价考核需求，便需要制定能够整体部署、统筹各方、真正落实的组织体系，以确保高校发展型资助育人体系的有效运转。

3. 加强信息化建设

信息化建设指的是将现代先进的信息技术引入高校学生资助工作中，以科技推动资助工作的效率，最大限度满足学生的发展型需求及资助管理的需求。例如，建立网络信息发布平台、网上交流平台、贫困学生数据库等。高校发展型资助育人各个项目的开展应该逐步完善管理方式，促使信息平台为资助工作的开展提供必要的支撑，进而提升服务的效率。

一方面，建设学生数据库。具体而言，应该做到以下三点：第一，依据生源地评定及校内评定相互融合的方法，采用“一查二看三评议”的评定方式，对申请贫困认定的学生进行严格的审查。例如，查看学生的档案，明确申请学生的来源地及其家庭状况；查阅申请学生所提交的贫困认证资料及在校消费状况；同寝室学生、班级及学院教师共同评述。第二，对贫困学生数据库进行动态化管理，并及时对数据库的讯息进行补充、完善、更新，保证数据库收录讯息的准确性。第三，落实讯息核对制度，及时将不符合资助条件学生的讯息从数据库中清理出去。

另一方面，建设信息平台。发展型资助项目的管理实际上是一个极其复杂、包罗万象的系统性工程。在具体建设的过程中，应该做到以下三点：第一，应该充分争取学校层面的扶持，将高校学生资助工作归入学校信息化建设的总体开发中；第二，依照管理的需求完善顶层设计，实现资格查询、程序控制、资金发放、通知发布、沟通交流等功能；第三，明晰管理的权限及自身的职责，稳步提升高校学生资助管理工作的效率。

4. 加强实践平台建设

实践平台能够保障提升学生的工作技能及其实践动手能力。高校发展型资助育人体系的建设应该充分借助实验室、教研室、各种社团组织及校外实践场所等学校内部有利的资源，逐步提升学生的综合能力及各方面的技能。

5. 加强讯息反馈机制建设

讯息反馈主要指的是通过控制系统将讯息输出，将其与其他事物相互作用的结果反馈回来，进而对讯息的重新输出产生一定的影响，以便实现预期的目标。讯息反馈不仅要反映讯息产生的具体过程，使讯息真正起到控制再输出结果的成效，还应该与管理决策的实际需求相适应，以便使讯息发挥管理服务的作用。

讯息反馈机制的构建应该始终坚持学生的发展型需求，集中反映不同学生的思想观念，反映学生在学习及日常生活中遇到的难题，反映与资助相关的政策措施的落实状况及施行成效，并依照接受资助学生的现实需求及国家、学校的人才培养的具体要求，及时完善及补充发展型资助育人体系，为高校学生的全面发展、持续发展提供有效的保障，推动学生成长成才的进程。

（四）评价考核体系

这里提到的评价主要指的是依据一定的标准及原则对不同事物或者活动进行评述及估价。其中，评述主要关注于定性地描述；估价则主要关注于定量地描述。评价便是结合使用定性的手段和定量的手段对各个事物或者活动进行综合的评定。我们认为评价是高校发展型资助育人体系的主要内容，是评价学生的综合能力、提升学生各方面能力、实现高校资助育人目标及任务的一种主要方式，也是评判资助方式的优点及缺点、总结资助经验、寻找资助问题、明确资助方向的一种重要方法。

在评价考核高校发展型资助育人体系的时候，我们应该依照评价的最终目标、要求及相关的技术对搜集到的讯息进行定性及定量的分析。评价考核体系是对资助活动的整个过程及成效进行评定的一种方法。除此之外，在实行评价考核体系的过程中，我们应该始终坚持科学性、合理性、有效性的基本原则。

1. 评价指标设置的科学性及可行性

这里所讲的指标主要指的是高校发展型资助育人体系整体目标的一种具体表象。发展型资助育人体系的整体目标既为学生提供物质方面的资助，更重要的是能够有效提升学生的劳动技能及发展能力，推动学生的全面协调发展、持续性发展。在具体评价的过程中，对资助活动的整体目标进行全面的评价是相当困难的，因而我们应该将整体目标细分成具体直观的、易于操作的子目标。发展型资助育人体系的评价体系便是将高校资助育人体系整体目标所细分的各个子目标进行整体评价的一个系统。科学的、实用的评价指标体系应该从各个方面、各个角度审视发展型资助育人体系的过程及成效，以便确保评价过程的可操作性及评价结果的客观性。

在构建高校发展型资助育人体系的评价指标时，应该坚持以下几个基本要求：第一，确保评价指标和高校资助育人体系的整体目标保持一致；第二，所制定的各项评价指标也应该进行有机统一，避免出现互相矛盾、互相冲突的现象；第三，各项评价指标应该保持相对的独立性，具备独特的蕴意，自身的外延性也应该有明确的方向；第四，评价指标应该全面、完整，确保不漏掉主要的内容；第五，确保评价指标能够反映事物的动态发展，不仅应该考虑共性的问题，还应该兼顾个性，具体包括评价体系的运转环境、支持保障等，同时还应该对学生接受资助以后的效度进行及时的监控；第六，确保评价指标简便容易操作，各项指标的内容也应该保证简明扼要。

2. 评价指标体系

评价指标体系往往设置了运转环境、运转管理、运转保障、运转成效四个一级指标，通过在一级指标的前提下制定了若干个二级指标，以其对发展型资助育人体系建设的成效进行全面深入的认识。各个二级指标实际上是对一级指标的详细划分，主要包含了发展型资助育人体系的工作人员、制度建设、过程管理、过程控制、平台建设、支持保障及运转成效等。同时，评价指标体系在兼顾全面性的前提下，还充分认识到应该对各个二级要素进行仔细地评价及监测，从多个维度对发展型资助育人体系进行评价，实现以评估成果推动体系建设的最终目标，进而提升评价成果的可信度及有效性、科学性，进一步推动发展型资助育人体系的发展及完善。

3. 评价的具体方法

具体而言，在评估发展型资助育人体系的时候，我们可以使用以下三种方法。

第一，组织相关的专家及学者进行实地考察。我们应该对发展型资助育人体系的各个环节及各个要素进行实地考察、实地调研，进而对需要评估的对象进行直观地认识。在具体操作的过程中，我们可以使用实地考察、亲身经历、开展座谈会、与他人进行访谈及听取下级汇报等各种各样的方法。

第二，开展抽样调查。我们可以从需要评估的对象中抽取一小部分作为调查的样本，通过对样本的详细分析来推测评估对象整体的状况。具体操作的过程中，我们往往会采取调查问卷、测试量表等辅助性工具来收取样本的资料，借用统计学方面的先进技术对发展型资助育人体系的开展状况进行定量的分析。

第三，对评估对象进行跟踪调查。我们应该分别在资助的前、中、后期三个时段内对评估对象进行跟踪式调查，详细了解评估对象在各个阶段内的现实需求、实际体验和发展状况，进而对资助对象做出动态的评估。

第五章

学生获得感与发展型资助育人体系的融合

第一节 获得感与发展型资助育人体系的关联性分析

获得感实际上是衡量教育领域发展成效的一个主要基准。2015 年，我国政府提出了应该积极统筹规划各项事业，使广大人民群众收获到更多的获得感，共享社会发展的成果。自此以后，“获得感”一词开始在整个社会范围内广泛流传开来，逐渐演变成广大人民群众关注的热点话题。高校资助育人工作是国家对高等教育发展的一项重大举措，通过资助育人工作，更多普通家庭的学生享受到了平等接受高等教育的机会，其获得感也得到了相应的提升。由此可知，获得感与发展型资助育人体系之间存在紧密的联系。以下主要通过探究获得感的具体含义、特征等内容出发，引申出获得感与发展型资助育人体系的关联性。

一、获得感的含义

获得感实际上是一个复合词，是由“获得”及“感”两个不同词汇组合而成的。通过查询现代汉语词典，我国可以发现“获得”具有“取得”及“得到”两重内涵，其中“取得”主要适用于具体的事物，而“获得”主要适用于抽象的事物；“感”则与人类的精神领会、心理感悟存在着紧密的联系。获得感主要指的是个体在得到某种特殊利益以后，从内心深处所衍生的主观感悟，实际上是满足、幸福感等积极主观情绪体验的综合体，而这些积极的情绪体验是建立在获得利益的前提下。

按照获得内容的差异，我们可以将获得感细分成物质方面的获得及精神方面的主观感悟两大类。其中，物质方面上的获得感是人们对具体事物的获得感，建立在看得见、摸得到的具体事物基础上，此类获得感是衡量事物的硬性标准；而精神方面的获得感则是一种抽象的获得感，建立在个体通过心理调节将具体事物转化成积极的情绪体验。由此可知，获得感不仅包含了有形的物质获得，还包含了无形的感官体验。

二、获得感与发展型资助育人体系的关联性

当前，学术界关于获得感与发展型资助育人体系之间的关联性研究较少，针对贫困学生的获得感的研究也比较少。部分学者从社会比较的角度出发来探究贫困学生的获得感情况，得出获得感不单单基于客观获得，还与社会比较存在密切联系。部分学者从高校精准扶贫的现状出发，理清了目前教育扶贫的发展现状及存在的问题，并提出了提升获得感的部分策略。部分学者通过调查研究发现贫困学生在学校支撑、人际交往关系、家庭支撑、教师关爱的前提下，会获取到较高的获得感，但是他们在经济、人际交往和能力发展方面出现的问题仍需要得到关注。另有学者通过实践调查发现了高校学生的家庭经济状况、社会支持、学习能力、能力发展等因素均会对他们的获得感水平产生一定的影响。有鉴于此，我们以下简要论述了获得感与发展型资助育人体系之间的关联性，以填补该方面研究的不足。

（一）获得感是检验发展型资助育人体系工作成效的试金石

受资助学生的“获得”主要指的是其所获取到的物质方面及精神方面的资助，受资助学生的“感”则指的是其对各类资助的主观感悟。按照“获得感”的内在逻辑关系，受资助学生的获得感指的是其对国家、社会、学校、教师等各种资助主体所提供的资助的认可程度，是自我成就水平评估及满足状况的综合感悟。由获得感研究的基础上提出提升受资助学生的获得感，是高校资助育人工作加深实效性的一种有益探索。

实践证实，获得感是检验发展型资助育人体系工作成效的试金石。构建完备的、科学的、合理的资助育人工作评价体系，以贫困学生的经济保障为基本的评价标准，以贫困学生的价值观念为核心标准，以贫困学生的能力提升为根本标准，采用互联网、大数据等先进技术手段对高校资助育人工作中贫困学生的获得感进行全面调研分析，是当前高等教育的一个主要发展方向。获得感作为高校资助育人工作成效的试金石，能够准确验证资助育人工作的含金量，推动获得感之间的良性交流，使纠正错误观念及协力资助保持一致的步伐，真正贯彻落实立德树人的教育理念，使各项资助育人工作真正落到实处、得到实效。

（二）发展型资助育人体系是提升学生获得感的主要渠道

高校资助育人工作的推行不仅能够有效解决贫困学生的教育问题，还能够通过各种资助活动培养受资助学生自强不息、独立自主、努力拼搏、感恩图报、明礼诚信等优良品质。这些优良品质的培养又是高校资助育人理念教育与实践教育相融合的一项重大举措。高校资助育人工作以受资助学生的实际需求为核心，通过对学生进行各方面资助，有效满足了学生的经济需求及发展型需求，进而提升了他们的获得感。因而，我们认为发展型资助育人体系的构建是提升学生获得感的主要渠道。

第二节 获得感的历史变迁与价值意蕴

获得感问题不仅涉及各个学科、各个领域，还涉及不同时期的具体变化。从历史发展的进程来看，获得感随着社会历史的变迁而产生了不同的文化内涵。然而，无论历史如何变迁，获得感作为扎根于人类本性中的一种价值需求，其自身所蕴含的内涵并未发生较大的转变。

一、获得感的历史变迁

（一）国外社会中获得感的历史变迁

从西方文明的发展历程来看，大体经过了由野蛮转变至文明、由专制转变至民主的发展历程。英国法学家梅茵主张人类社会的进步历程实际上可以归纳为由身份转变至契约。此处所言之身份指的就是封建社会中人类自出生以后便确定的身份等级，例如贵族、平民等。在分配不同身份人类的权利及义务的时候，人们往往按照其在家族中的身份来划分，辈分、资产、特权等因素均可以视为分配标准。人类没有权利也不能超越身份的界定来按照自身的意愿来做事，只能够在身份的局限范畴内去做被准许的事情，享受相对固定的权利。个体更不能按照自己的意愿来制定自身的权利及义务，只能够在特定的场所内按照特定的身份来限定。在这种情况下诞生的人类，受到其他人的强烈影响，甚至于受到其他人的支配。具有特定身份的个体既被剥夺了依照自身意愿来做事的基础权利，也没有机会在社会中展现自我的能力、实现自身的价值，那么便谈不上人的获得感。

由身份转变至契约是个体的人格逐步独立、自由的一个进程。契约是和身份对立的一个概念，其指的是个体有能力、有机会、有权利来为自身谋求相应的权利及社会地位等。在身份向契约转变的过程中，个体的人身依附关系逐渐消失，以个体自我意识为基准、以契约精神为枢纽的权利义务关系逐渐占据主流地位。契约逐步替代身份的过程，既是自由主义、个体主义替代集体主义、封建主义的一个过程，又是个体由被动转变为主动、由被压迫的地位转变至当家做主地位的一个过程，同时还是人类追寻包含自由、民主、平等价值的获得感的一个过程，这个复杂的过程在人类社会及文明的发展历程中得到了充分的验证。

从整体上看，西方文明经过了原始社会、奴隶社会、封建社会、资本主义社会的转变历程。在这种社会大背景下，人类主体也历经了奴隶、农奴、公民、人民的转变历程。历史及文明的发展往往需要一定的时间，虽然二者在漫长的时间中并不全是畅通无阻的，然而却可以逐渐减轻人民大众被压迫的程度，并逐步完善大部分民众的生存状态，这些进步程度实际上代表了历史及文明是始终向前发展的。历史的发展历程中蕴含了社会大众为了寻求获得感、实现自我价值、争取独立人格而进行的不懈努力。这无疑证实了由身份转变至契约的价值实现历程是一种势不可挡的趋势，这不仅与人类历史的客观发展法则、人类生存发展需求相吻合，还与人类主体对获得感的不懈追寻相吻合。

（二）国内社会中获得感的历史变迁

从整体上看，我国民众在历史发展进程中对获得感的追寻历程也发生了较大的变化。在不同的历史发展阶段内，我国民众对自身获得感的追寻也略有差异。大体上讲，我国民众对自身获得感的追寻经过了从古代社会的平均理念、近代社会的民族独立、现代社会的生存性价值的一个变迁历程，这凸显了我国文明的发展及进步，也是对人类生存发展状况提升的一个重大贡献。以下主要介绍不同时期我国民众对获得感的追求及感悟。

1. 古代社会对获得感的追求

在我国古代社会中，各种思想家对获得感也有一定的认识。例如，孔子便指出无论是诸侯还是士大夫，不必担忧财富稀少，而应该担忧财富分配不均现象，不必担忧人口稀少，而应该担忧境内不稳定；这是因为财富平均分配便不会出现贫穷现象，民众和睦相处便不必感到人口稀少，境内稳定便不必担忧国家被倾覆。由此可见，孔子已经认识到财富分配均衡的问题，这实际上显示了孔子已经关注到社会公正问题，此种观念具有比较深刻的理论价值。时至今日，我国社会中还存在着贫富差距差距拉大的现象，这种分配不均衡现象必然会对我国社会稳定及社会发展产生一定的影响。

2. 近代社会对获得感的追求

近代时期，康有为主张构建一个民众平等、相亲相爱的公正化、理想化社会。尽管此种观念带有一定的空想成分，然而不可置疑的是此种观念也凸显了当时社会民众对公正公平的追求。在我国的历史发展进程中，民众在某一阶段内寻求基于平均主义的获得感。伴随着近代社会的各种动乱，我国传统文化逐步丧失了整合社会秩序的能力，逐渐显示出不足之处及各种缺陷。在这种情况下，我国民众强烈希望西方文明的先进成果对自身进行指引，迫切想要西方社会在制度、科学技术、思想观念等方面的先进理念来填补自身文明的不足及缺陷，以便尽快从民族危机中脱离出去。此时期内，民众由于深受各种剥削及压迫，承受了较大的屈辱及欺侮。民众在战乱中颠沛流离，在剥削及压迫中艰难谋取生存，他们对获得感的追寻不可避免地集中在脱离民族危机、力争民族独立上。

随着新民主主义革命的胜利，各种封建因素被推翻，民众由被压迫、被剥削的现状中摆脱出来，成为独立自主的个体。在这个阶段内，民众对获得感的追求集中于民族独立、人民当家做主之上。

3. 现代社会对获得感的追求

现代时期，伴随着我国经济的迅猛发展及各项政策的完善，我国民众不仅享受到了各种物质优待，还受到了先进理念的冲击。全球化的不断推进以不容忽视的力量转变了我国民众的价值追求，也就是说由政治制度及经济制度的协力作用推动了民众获得感追寻方法的转变，民众追求获得感的方式从传统观念上的精神价值引领逐步向现代观念上的物质利益驱动转变。

当前，我国社会正处于不断完善各项制度的关键时期，并取得了一定的成绩。但也应看到，在经济发展步伐逐步提升的同时，也出现了一定的困难，这些困难对社会大众的生活产生了较大的困扰。目前，我国民众面临的主要困难是看病困难、居住困难、上学困难，民众的相对剥夺感仍旧比较尖锐，这种现象不仅对民众的日常生活水平和生活质量产生了直接的影响，还对整个社会公平公正理念的实现产生负面的影响。因而，我国政府提倡现代社会追寻的获得感不仅应该与当前所面临的社会公平正义问题相联系，还应该关注到人们生存价值的实现。此种获得感追寻不仅是民众内心价值追寻的一种肯定，也是以发展进步为目标的价值复归，显示出一定进步意义。

二、获得感的价值意蕴

在不同的历史发展进程中，人类不断摸索着获得感的具体内涵，并由最开始的贫穷、剥削、压迫中持续追寻个体的独立及个人的价值。上文中提到获得感是由具体事物的获得而衍生的满足感、精神上的获得而衍生的幸福感两种内涵组成的一种价值感悟。满足感是民众对各种需求的相对满足，主张知足常乐；而获得感则是对满足感的一种升华，是包含民众的生存价值本质的一种价值追寻；幸福感则是民众内心中对幸福生活的一种感悟。因而，我们认为脱离了获得感的幸福感并不能使民众获得真正的幸福。

（一）人类追寻获得感的原因

为了深入探究获得感的价值意蕴，首先应该明确追寻获得感的原因。要想始终坚持社会民众的核心地位，便应该持续满足民众不断变化的需求。我国部分相关学者提到了在遵循客观世界发展规律的同时，还应该对主观世界和客观世界进行一定程度的改造，以使客观世界始终与民众的实际需求相吻合；人类在将客观的自然界改造成为社会大众服务的自然界的同时，不断生成及扩大了人化的自然，以便满足民众的实际需求，凸显民众的主体地位。从本质上讲，这种包含目的性的发展指的就是人类的自我发展，是人类在满足自身发展型需求的基础上的一种自我价值实现过程。此处所讲的自我价值实现虽然并不代表人类生命的必然追求，然而却是追寻幸福感的一种必然选择；自我价值实现随着生命而出现，也将会随着生命的灭亡而消散。

通常情况下，人类的需求显示出多层次、多元化的特点，不仅包含了生存意义上的需求，更重要的是包含了发展意义上的需求。马斯洛提出的需求层次理论中包含了生理需求、安全需求，我们认为这种需求实际上均可以归入生存需求之中；同时马斯洛主张除了上述两种需求以外，人类的需求还包含了爱和归属感、尊重需求、自我实现需求这三种需求，我们可以将这三种需求归入发展型需求中。而与生存需求相对应的是“获得”，与发展型需求相对应的是获得感，由生存需求逐步深化至发展型需求的过程也是“获得”转化成获得感的一个过程。鉴于对当前社会的不满足，人类主体深切感悟到“获得”与获得感之间存在较大的差异性，而此种差异性并不单单指的是人类的自然需求，还衍生了人类主体对获得感价值意蕴的升华。归根到底，作为不断发展的人类主体，其对现实社会的需求也是不断发展的。人类主体对当前社会的不满足恰恰成为其追寻更高需求的内在动力，他们渴望在自身未来的发展过程中出现更多的可能性，为自身获得感的实现创造更大的发展空间。

（二）获得感的价值意蕴解析

当前，研究获得感的学者主要是经济学和社会学方面的专家。他们的研究主要集中于找寻改善民众生活状况的方法，尤其是提升民众的物质生活质量、生活水平的方法，此类研究强调的是真真切切的获得。我们认为在这种意义上寻求的获得感仅仅是基于人类基本生活需求的一种基本获得感，是在事物的实用价值基础上的一种获得感，此种获得感是不全面、不完整的，这是因为事物的使用价值实际上是由其使用者的享受能力来决定。生产这部分事物的过程如果是使用者的享受能力降低，那么便是不值得的。事物能够为人类带来的使用方面的满足仅仅是人类追求生存的一个历程或者一种方式，而人类真正需求的获得感是蕴含一定价值意蕴的获得感，是蕴藏人类生存目标在内的精神层面上的获得感，这才是人类不断发展的真实目的。

同时，人类的获得感不单单指的是物质需求层面上的满足，还基于人类自尊心、幸福感、安全感、责任感等感悟的深化。获得感是人类个体脱离被动的生活处境、追寻自身生存发展价值、向更美好的生活挺进的价值自觉感悟。在这种价值自觉感悟的推动下，加之个体自身具备的渴望及动力，社会大众持续追寻着自身的准确生活定位及生存明确性，寻求着自身的价值归属。

从人类本身来看，其在整个生命过程中均承担着追寻“我是谁”的历史使命。所有个体均渴望自身可以具备比较充沛的物质条件、优秀的道德品质、优良的自我感触，以充分展现自身的人生价值，使之与来自外部的关怀相吻合。同时，人类与生俱来便希望外界能够认可和尊重自身的价值，只有这样，人类生而为人的获得感才能够显示出来。为了保障自身的安全及深入发展，人类自身原本便具备两种截然不同的天赋方式，一种天赋方式是通过本能的自我保护预先做好充分的准备，疏远可能对自身造成损害的人；另一种天赋方式是自我扩展的本能推动自身寻求其他人的帮助，在与其他人进行友好交往的过程中寻求一定的安全感及心理上的安慰。可见，人类主体自身便具备自我扩展的主观能动性，也就是不仅渴望在自身发展的过程中获得一定的安全感，更重要的是希望在与其他人的互动过程中能够获得他人的尊重及认可，同时能够自主追寻一定的尊严价值。

当人们得到其他人的尊重和认可，大脑中便会感受到相应的刺激，继而产生一定的反应，使人们感悟到被尊重、被认可、被赞扬所产生的愉悦感，这些感悟均是伴随着个体与其他人保持紧密联系而催生的，在一定程度上能够延长个体的生命历程。因而，人类个体作为各种社会关系的集合体，对尊严的渴求及追寻是其生存发展需求的一种表象，是追寻群体归属感的一种表象，也是人类自身基本价值的集中表现。我国部分学者也指出了虽然大部分的人类活动的目的是寻求物质方面的需求，但是人类耗费了更多的时间及精力来寻求无形的需求；人类所追寻的并不单单是物质方面的满足，更重要的是被尊重、被认可、被接受，人类认为自身应该得到尊重的原因是自身具有某种特定价值及尊严。由此可见，人类并不满足于生存需求这种简单的需求，而是更关注自身被其他人的接受程度、认可程度、尊重程度，以及由接受程度所反映的自身价值的实现情况。这也就表示人类的客观发展规律使得个体在满足自身的物质需求以后便会关注到自身的生存状况，这不仅关系到个体在社会发展历程中是否存在获得感，还关系到个体在共享发展历程中是否受到平等的对待。

从哲学的角度来看，获得感的追寻是对人类个体最终关怀的一种表象，蕴含着人之所以为人的价值及蕴意，进一步解决了人类个体的生存问题、自我价值实现问题、生存层次提高问题。获得感是人类价值本体、价值蕴意的主要表现，直接关系到个体的生存状况。获得感实际上是人类个体及其在社会中的生存状况、发展状况为归属的一种价值导向，其蕴含了个体对物质财富、权利、境界、个人尊严等方方面面的价值需求。从人类生存发展的角度来看，获得感不仅以满足人类的物质需求、精神需求为主旨，更重要的是为人类的发展构建了相应的价值体系。

三、获得感的特征

获得感是人类生存价值及生活意义的主要表象，表现出区别去其他理念的独特特征。以下主要介绍获得感的几个特征。

（一）源于比较

通常情况下，我们认为获得感来源于对参照群体进行比较而衍生的心理落差，也就是获得感的主体对自身是否获得社会公平对待的评价标准来自与其他社会成员进行比较而衍生的心理衡量。

从横向的角度上看，是获得感的主体将自身付出的努力与所获得的成果进行比较，比较所获得的成果是否与付出的努力相吻合。获得感更深层的蕴意是将自身与其他人的付出与收获进行综合的对比分析，若自身与其他人的付出与收获相差不大，那么主体便可以从比较过程中感悟到社会公正、公平的广泛性，其获得感便比较高涨；若二者之间的差距比较大，主体便感悟不到获得感。

从纵向的角度来看，获得感主要来源于个体将目前的收获与自身以往的收获或者未来的收获进行比较，权衡三者之间的差异。伴随着社会经济状况的改善及自身生活水平的提升，个体在各方各面的收获与以往及未来进行比较，是否取得了突破性的进展，是否感悟到社会公正公平对自身的优抚，进而增强自身的获得感。

（二）可持续性

获得感具有可持续性的特征。可持续性实际上指的是人类主体追求获得感的一个复杂过程，不仅包括当代人对人类本质的生存价值的追求，还包含了从古代社会到现代社会中的人类始终追寻着人类本质的生存价值，同时还强调在将来的所有认知活动中，人类均不能够丢失这种追求。这是因为当代人和后代人均需要在充足的自然资源基础上才能够生存及发展，当代人和后代人平等享有不容剥夺的生存权利。因而，我们不仅要关注当代人所持有的获得感，还应该重点关注获得感在代与代之间的传承；不能单独探究现代人的获得感，更重要的是关注后代人对获得感追求的延续，充分关注获得感的可持续性、稳定性。

无论现代人还是后代人，在追寻自身利益的过程中，均不应该损害处于相同时代的人的利益，也不应该损害后代人的利益。尤其是在社会经济水平显著提升、科学技术迅猛发展、社会各项制度逐步完备的今天，单纯考虑追求及维护人类的利益远远不够，因为人类不仅面对着来源于外部社会的社会思潮的巨大冲击，还面临着人类本性的多种考验。在经济繁荣发展及社会冲击的双重作用下，人们极有可能迷失自我，更有甚者还会丢失对人类价值性生存的追寻。从特定的意义上讲，获得感的可持续性具有两重含义。一方面，强调了个体在自身发展的过程中应该始终坚持初心，不可以在外界因素的干扰下而丢失自己的本质性追寻；另一方面，强调人类主体应该将内在的对获得感的追求精神传递给后代的人，因为获得感是各个阶段人们的永恒追求。

（三）比值性

追寻获得感实际上就是力争使每一个个体均能够受益，使每个个体均能够平等地享受到发展机遇。然而，此处所讲的机会平等并不是一种绝对的平等，也不是一种平均分配，而是指一种比值公平。比值的公平才是真正意义上的公平，而公正的真实内涵是为具有优秀道德素养的人提供更好的待遇，为道德素养不高的人分配更少的待遇。不同个体之间的差异肯定存在着价值不公平的现象，而比值公正就是依照不同的价值比例来分配相当的事物。获得感同样也具备这种比值公平特征，也就是我们现在所说的比值获得感。

获得感的比值性指的就是获得感并不是完全平均主义的获得感，而是一种相对获得感。这也就是说从整体上看，主体能够获得与自身所付出的努力相匹配的收获，而不是付出努力较多而获得感较少，也不是付出努力较少而获得感爆满；这是因为这两种情况均违背了公平公正的原则，且获得感强调的是平等而是平均。平等是未来社会的发展趋向，社会的平等原则指的是每个个体的地位及收入状况均应该与其自身的能力、付出相匹配。个体能否按照自身的能力及付出来获得与之对称的地位及收入水平，也就是能否收获与自身所付出的努力相对应的获得感。

除此之外，获得感的比值性已经成为衡量某个社会发展是否公平的基准。

（四）可感性

获得感具备可感性的特征。这种可感性主要指的是人类主体可以感知到获得感的基本状况，这也就表示人类是感知获得感的主体。在特定的历史阶段中，人们在认识社会发展程度时事实上已经将价值内涵赋予了发展。人类探索获得感的复杂历程也是人类不断寻求自身发展的一个过程，发展所蕴藏的价值内涵是作为人类对发展成效的分配的感知。发展的主要目标不仅仅指的是经济速度的提升，更重要的是要充分认识到发展成效对社会成员所产生的作用。从这种意义上看，只有作为获得感主体的人类才可以深切感知到发展的成效。每个个体从自身发展及社会发展的成效中得到好处，才能够感悟到社会公平前提下的尊严感，也就是感悟到其他人及社会对自身的认可、接受及尊重。

（五）多维性

获得感还显示出多维性的特征。这种多维性强调的不单单是通过对比来获得与个体付出努力相匹配的物质需求层面上的满足，还关系到个体对权利、个人尊严、自我价值实现等各方各面的追寻。这也就是说个体在充分获得的前提下，既深切感悟到社会发展的合理分配成果及比较完备的公共服务，又感悟到社会对自身的尊重、认可、接受，获得实现自我价值的平等权利。总而言之，人们的获得感并不单单包含物质方面、精神方面等特定层面上的满足，而是一个复杂的体系，包含了个人权利、个人尊严、价值等方方面面的属性，这些属性组合而成了人的获得感。

第三节 影响贫困学生获得感的因素

贫困学生是高校中的一个特殊群体，其获得感现状在一定程度上显示了全体社会成员的获得感状况。实践证实，大部分贫困学生的家庭经济状况较差，他们的获得感水准相对较低。近年来，我国为了资助这些家庭经济困难的学生，实施了一系列行之有效的资助措施，已经资助了一大批贫困学生，且对每个贫困学生的资助金额也逐步提高。通过探讨这些接受资助的贫困学生的获得感现状，能够为高校学生资助政策的完善提供一定借鉴。

为了深入了解贫困学生的获得感现象，部分研究者采取抽样调查的方式对部分贫困学生的获得感情况进行了调查，主要调查这些学生的获得程度、满足感、成就感、参与能力等。调查结果显示，由于贫困学生的生活情况存在一定的差异，对他们获得感产生影响的因素也有一定的差异。具体而言，主要集中在家庭经济状况、社会支持力度、综合能力、自尊水平、人格特性、归因偏向几个方面。

一、家庭经济状况

家庭经济状况是影响贫困学生获得感的一个主要因素。根据相关调查，贫困学生与非贫困学生的获得感存在着一定的差别。通常情况下，贫困学生基本上均承担着比较严重的经济负担，部分贫困学生甚至没有办法满足自身最基本的生活需求，这些学生对生活状况的满意程度自然比较低，其获得感也会比较低。虽然目前政府、学校、社会团体等不同社会主体均为贫困学生提供了不同程度的资助，然而由于长期处于穷苦状况中，他们的心理已经产生了许多变化，穷苦的生活状况使他们养成了尽可能节省开支的心理，极大地降低了他们参与各类社会活动的积极性，进而造成一部分贫困学生的社会活动能力水平比较低。因而，即使这些贫困学生获取到比较充沛的社会扶持，他们的社会活动参与度、成就感也比非贫困学生要低得多。充裕的经济状况能够为贫困学生带来物质层面上的享受及更高的社会地位，增强他们的自尊心、自信心，进而提升他们的获得感。可见，家庭经济状况是影响贫困学生获得感水平的根本因素。

二、社会支持力度

社会支持力度是也会对贫困学生的获得感产生显著的影响。通常情况下，社会支持力度与贫困学生的获得感成正比，获得的社会支持越高，其对生活的满意程度也会越高，内心中的积极感悟也会更多，获得感也会随之提高，反之不然。同时，物质方面的支持能够使贫困学生直接获取到资助，进而对他们的心理获得感悟产生直接的影响，当面临困难的时候他们也能够积极面对；精神方面的支持也能够给予贫困学生适当的帮助，使他们感悟到其他人、社会对自身的关爱，产生积极向上的情志，提升生理及心理层面上的满足感，进而获得较高水平的获得感。

三、综合能力

综合能力与贫困学生的获得感存在紧密的联系。一般而言，综合能力较强的贫困学生能够更有效地运用社会资源，也更容易提升自身的获得感。从这个意义上讲，对贫困学生实施的物质资助实际上是一种层次较低的社会支持，还需要更高层次的资助。这种更高层次的资助应该从贫困学生的层面出发来考虑，关注这些学生最迫切需要的帮助，以提高贫困学生的综合能力为基本原则，来提升他们运用社会资源的能力，提高他们的脱贫能力、脱困能力，这才是高校学生资助工作的最终目标。以下主要从人际交往能力和学习能力出发，来论述综合能力对贫困学生获得感的影响。

（一）人际关系能力

人际关系能力能够对贫困学生的获得感产生直接的影响，人际关系能力的强弱对贫困学生获得感的影响是不同的。人际关系能力较高的贫困学生的性格往往比较外向，善于与其他人进行有效沟通，自愿自发与其他人进行交往的观念较强，在各类社会交往活动中也能够结交更多的朋友，也比较容易获得其他人的接受及关怀，因而这些贫困学生内心中积极情绪比较高，获得感也比较强。而人际交往能力较弱的贫困学生的性格往往比较内向，不善于与其他人进行有效沟通，尽管一部分学生想要与其他人进行交往，然而由于欠缺合适的交往方法及意识，一旦交往过程中出现问题便会产生挫折感，这种挫折感将会对他们以后的人际交往积极性产生不利的影响，进而造成交流上的障碍，催生更高的疏远感；这些学生内心中的消极感触往往高于积极感悟，进而导致他们的获得感不高。

除此之外，一部分贫困学生虽然自身极其想要与其他人进行深入的交流，但由于自身的经济状况不佳，处于节省开支的考虑而不得不缩小自己的社交范畴，减少与其他人的交往，避免广泛参与到各类社会交往活动中，这就导致他们在情感上更加孤僻。同时，即便参与到各种社会交往活动中，部分贫困学生也惧怕被其他人轻视，出于保护自己的意愿也会减少参加社会交往活动。长久下去，这些贫困学生也可能产生敏感多疑、偏执等性格，将自己完全封闭出来，继而在人际交往过程中逐渐丧失自信，最终出现逃避社会交往、人际交往能力降低的现象，其获得感也会相应降低。

（二）学习能力

学习能力是综合能力的一个突出表现。贫困学生的学习能力对其获得感也产生了一定的影响。学习能力是综合能力的基础环节，较强的学习能力是获得感提升的基础条件。通常情况下，学习能力与获得感之间成正比，学习能力越强，学生的获得感也会增强；学习能力越弱，学生的获得感也会降低。提升贫困学生的获得感不单单要求为他们提供物质方面的资助，还要求政府、社会、高校等不同社会主体从不同的角度出发挖掘资助资源，为贫困学生营造更适宜学习的环境，有效提升他们学习能力及获得资助资金的能力，继而提升他们的获得感。

四、自尊水平

按照马斯洛提出的需求层次理论，每个个体均有一定的尊重需求，尊重需求的满足能够有效提升个体的自信心、自尊心，使每个个体均感悟到自我存在的价值。自尊水平能够对个体的思维方式及行为举动产生较大的影响，自尊水平较高的个体往往比较达观、积极、自信，自尊水平较低的个体在日常生活中往往显示出胆小怕事、畏惧、自卑、消极的特征。

相关研究证实，贫困会对个体的自尊水平产生不利的影响，贫困人群的自尊水平往往比非贫困群体低得多。贫困学生作为一种特殊的贫困群体，其自尊水平与非贫困学生相比要低得多。经济条件的匮乏导致贫困学生的自尊水平较低，即便是得到了各类社会主体的资助，在一定程度上减轻了自身的经济负担，然而其自尊水平始终处于较低的状态，低自尊水平背后蕴藏着极强的自卑心态。根据相关调查，大多数贫困学生均存在自卑心理，这对他们的心理健康状况产生了不良的影响。低自尊水平导致贫困学生内心中负面情绪较严重，进一步影响到他们的获得感。

五、人格特性

针对相同的事情，具备不同人格特性的个体会显示出不同的思维方式及行为举动，所获得的领悟及情志也有较大的差异。英国人格心理学方面的专家艾森克将人类的人格细分成神经质、精神质、内倾性 - 外倾性三大类。根据这种人格模式，我们可以发现贫困学生和非贫困学生的人格特性存在较大的差异。

从内倾性 - 外倾性的层面来看，贫困学生由于自身经济状况不佳，又受到攀比之风、奢侈之风等不良观念的影响，他们虽然从内心深处渴望融入非贫困学生群体中，却由于囊中羞涩不得不放弃融入，进而产生自卑的心理，因而其外倾性比非贫困学生要低。从神经质的层面来看，贫困学生由于长久处于焦躁、压抑的心理状态，其消极的情绪感悟往往比非贫困学生要多，调节情绪的能力也比较差。从精神质的层面上看，贫困学生的精神质特征也明显比非贫困学生要突出，他们往往显示出性格乖张、行为古怪、孤僻、敌视他人等特征。贫困学生的人格特征导致他们在各种事务中所获得积极情志比较低，所得到的获得感也比非贫困学生要低。

六、归因偏向

归因偏向大体可以细分成内部归因偏向、外部归因偏向两大类。具备不同归因偏向的人在处理问题的时候会使用不同的方法，其中具备内部归因偏向的人通常会运用相对积极的解决方式，而具备外部归因的人则会使用比较消极的处理方法。由此可知，不同的归因偏向会对贫困学生的获得感产生不同的影响，具有内部归因偏向的贫困学生在面对生活及学习中的各种挑战的时候往往会采取积极应对的态度，而具有外部归因偏向的贫困学生在面对生活及学习的各种挑战的时候则会采取消极怠工的态度。

以家庭经济贫困状况为例。面对同样的贫困状况，具有内部归因偏向的贫困学生会将贫困状况转变成努力学习、改善生活状况的助推力，他们会从自身出发来寻求原因，通过自身的努力来获取更美好的生活，因而其获得感相对比较高；而具有外部归因偏向的贫困学生往往将贫困状况视为学习及生活的阻碍，他们往往会将自身所面临的各种挫折归咎于家庭经济状况不佳，不对自身进行反省，也没有明确的奋斗目标及计划，悲观的情绪融汇在他们的内心，导致他们的获得感比较低。

第四节 提升贫困学生获得感的策略

通常情况下，客观上人们所获得的资源越丰富，其获得的积极情绪也会越多，由之带来的获得感也就越强烈。完善和补充客观因素是提升贫困学生获得感的一种有效措施，也是最关键的一种措施。然而客观因素的转变并不是一蹴而就的，且客观资源对贫困学生获得感的影响也并不是长期的。因而，我们不仅应该从客观因素出发来提升贫困学生的获得感，还应该从主观因素出来，帮助贫困学生调整他们的心理状况，使他们树立积极向上、努力拼搏的意识，鼓励他们通过自身的努力来改变自己的命运。具体而言，国家、学校、贫困学生自身等各个社会主体均应该采取积极的措施来提升贫困学生的获得感，主要可以采用以下几种策略。

一、完善高校资助育人体系，发挥结对帮扶的优势

贫困学生的资助工作是我国高校资助育人工作的一项重大举措。政府及高校作为资助育人体系的主体，更应该调动各方面的资助力量，构建全方位、全员、全过程的资助育人体系，使广大贫困学生充分享受到国家发展的成果，进而增强

他们的获得感。

（一）完善高校学生资助政策

实践证实，为贫困学生提供经济上的资助是减轻他们所承担的经济压力、提升其获得感的一种最基础的方式。为了确保贫困学生不因为经济问题而放弃学业，我国政府制定了一系列行之有效的高校学生资助政策，为贫困学生提供经济上的帮扶。尽管这些资助政策已经取得了一定成效，但仍存在一定缺陷。因而，我国政府应该根据现实状况不断完善高校学生资助政策，解决贫困学生的后顾之忧，切实使他们感受到国家的关怀及帮助，增强他们的发展动力及学习动力，使他们获得更多的积极体验及感悟，进而提升他们的获得感。为此，我国政府应该完善高校学生资助相关的法律法规，从法律层面来保障资助工作的公平性，确保所有贫困学生平等的生存权利和发展权利。

除此之外，政府还应该不断健全贫困学生的评定体系及资助形式，保障每位贫困学生获得平等和精准的资助机会，避免出现资助工作混乱的现象。高校作为高校学生资助政策的主要实施者，应该始终坚持以贫困学生为主体的资助基准，通过实地调查、走访的方式来了解贫困学生家庭的实际状况，进而分析他们的困难程度。

（二）搜罗多方资助资源

广泛搜罗社会支持力度是完善高校资助育人体系的一项重要举措，能够形成资助工作的凝聚力。为此，高校应该不断挖掘和整合各种资助资源，可以通过向优秀校友、各类企业募集资助资金的方式来设置相应的奖学金，用来嘉奖敢于承担社会责任、积极向上、努力奋进的贫困学生。

同时，高校还应该积极发挥内部的资助资源，构建完备的资助工作的领导机制，整合后勤部门、财务部门、各个院系等多元的人力资源、物力资源和财力资源，构建整体化的资助育人工作服务平台，高效合理分配资源，分层级、分类别实施资助育人工作。

（三）构建信息化的学生资助平台

信息化的学生资助平台是高校资助育人工作顺利开展的助推力。高校资助育人体系的构建要求将线上运营与线下服务有机连接在一起，逐步形成学生资助工作的合力。为此，高校应该不断优化学生资助平台的智能分析系统，以便精准识别及评估不同的贫困学生。具体而言，高校可以采用大数据、云计算的先进科技，来具体搜集、分析贫困学生的学业成绩、消费情况、生活习性、个人爱好、社会实践活动及志愿服务的参与度等方方面面的内容，进而对这些学生的家庭经济状况、各方面的素质进行准确评估，准确辨识贫困学生的贫困程度及发展型需求。

与此同时，高校还应该为学生提供个性化的资助，有效提升资助资源的分配效率。具体而言，高校可以通过智能分析系统对每个贫困学生进行个性化评估，进而了解贫困学生的动态贫困程度，为其提供个性化的资助，进而提升每一位贫困学生的获得感。

（四）开发多元化的资助项目

开发多元化的资助项目也是提升贫困学生获得感的一种有效措施。具体而言，高校可以采取以下两种方法来增加资助项目。

一方面，高校应该不断加大对贫困学生的经济资助，解决他们的后顾之忧。为此，高校可以直接减免特别贫困学生的学费及住宿费，并为其提供适当的生活费资助，保障他们顺利完成学业。

另一方面，我国各大高校也应该设置更多的勤工助学岗位，为贫困学生提供更多的工作机遇，鼓励他们通过自身的努力来获得经济报酬，进而提升他们的自尊心及自信心。根据相关调查及实践，我们可以发现贫困学生通过自身的努力来获得经济上的报酬比直接获取助学金等直接资助的激励作用要强得多，贫困学生自身的努力是主动性的获得，由之获取的积极情绪比较强烈且长期；而直接资助是一种被动式的接受，贫困学生所能够获取的积极情绪比较少且短暂。因而，高校应积极采取措施增强贫困学生的自我脱贫能力，帮助他们解决自身的贫困。

为此，高校应该加强与各大企业、地区的协作，通过定向培养、设置专业岗位等方法，为贫困学生提供更多的实习机会，有效提升他们的职业技能，帮助他们顺利参加工作。同时还应该对贫困学生进行职前教育、职业生涯规划教育，使他们对自我有更深刻的认识，增强他们的忧患观念，促使他们学会发愤图强、自力更生。此外，高校还应该调动贫困学生创业、自主择业的内在动力，指导和帮助他们通过创业就业实现由被动式资助向主动资助的转变。贫困学生通过自我努力不仅能够为自身带来经济上的报酬，还能够增强自身积极情绪体验，进而提升自身的获得感。

二、营造和谐友爱的校园环境，提升贫困学生的积极情绪体验

实践证实，无论是良好的人际关系能力，还是积极的人格特性，均需要在和谐友爱的校园氛围中获得。要想提升贫困学生的获得感，高校应该努力改善现有

的校园环境，不断提高软件实力及硬件实力，有效改善校园的文化氛围，进而提升贫困学生对校园生活的满意程度，促使他们感悟到更多的积极情绪体验。

（一）举办多种形式的校园文化活动

校园文化是一所高校精神面貌及办学特色的集中体现，能够有效开拓学生的视野、优化学生人格特性、启发学生的才智，其重要性不容忽视。高校应该积极为贫困学生营造积极向上、正能量爆棚的校园文化环境，并将符合时代精神、发展精神的文化内涵融入各类活动中。高校可以通过组织开办多姿多彩的校园文化活动，鼓励贫困学生积极参与其中，通过社会实践活动来发挥他们的个人价值，提升他们的自我效能感及综合素养，使他们感悟参与活动的乐趣，进而增加积极的情绪体验。

（二）关注正面的舆论宣传及指导

舆论导向会对贫困学生的获得感产生深远的影响。因而，高校应该积极营造正面的舆论宣导。具体而言，高校应该做到以下三点。

第一，高校应该努力营造积极向上、平等和谐的校园舆论环境。校园舆论环境能够影响到贫困学生的心理感悟，高校应该格外关注保护贫困学生的自尊心及个人隐私，保证不公开贫困学生的个人讯息，以免给贫困学生贴上不利标签。同时，高校应该通过舆论宣导，使全体成员明晰帮助贫困学生是教育公平、社会公平的一种集中体现，也是我国社会发展的必然要求，进而形成积极帮助贫困学生的校园风尚。

第二，高校应该借助网络平台、新媒体方式来宣传我国政府推行的高校学生资助政策及取得的资助成效，使贫困学生及其家庭明晰国家相关资助政策，增强对政府及学校的信任感。同时，高校也可以通过微博、微信等平台来宣扬贫困学生独立自主、自强不息的典型事例，使普通贫困学生积极克服由贫穷带来的心理负担，进而使他们展现出积极向上、自信开朗、奋发向上的精神面貌。

第三，高校充分发挥自身的育人功能。在帮助贫困学生的过程中，单纯的经济资助仅能够使他们得到暂时的获得感，而指引他们树立正确的三观才能起到实质的作用。教师应该加强贫困学生的德育教育，提升课堂教学的针对性和亲和力，尽可能满足贫困学生的发展型需求，指引他们正确看待贫富差距等社会问题，使他们形成正确的价值观念。

除上述三种方法以外，高校还应该积极构建青年志愿服务平台，鼓舞贫困学生积极参与到各类社会志愿服务活动中。通过参与志愿服务，贫困学生可以积极贡献自身的力量，帮助其他需要帮助的人群，回馈社会和国家对自身的关爱，增加自身的积极情绪体验，进而增强自身的获得感。

三、关注心理疏导，提高贫困学生的心理复原力

提升贫困学生的获得感，既要加大经济方面的资助、关注教育公平，还应该时刻关注他们的心理状况，帮助他们脱离精神方面的贫困，提高他们的心理素养。

（一）实施心理健康教育

高校应该加大力度对贫困学生实施心理健康教育，提升他们的心理免疫力。

一方面，高校应该实施多元化的心理健康教育。具体而言，高校可以通过课程教学、讲座、座谈会、集中辅导等方法加深贫困学生对自我价值的认识，增强他们的积极情绪，提升他们的自信心。同时，高校还可以采用同伴教育的形式，使贫困学生在互相帮助的过程中增进彼此的感情，提高他们的韧性。

另一方面，高校还应该有针对性、有目的性地对贫困学生开展心理健康教育。不同年级、不同特征的贫困学生往往具有截然不同的需求，因而学校所开展的心理健康教育应该关注不同学生的不同需求，精准发挥心理健康教育的效用。针对大一的贫困学生，所开展的心理健康教育应该重点关注贫困学生对新的学习情况、生活状况、人际关系等方方面面的心理适应力；针对大二和大三的贫困学生，所开展的心理健康教育应该关注学习方法、直面挫折、情感指导等内容；针对大四的贫困学生，所开展的心理健康教育应该重点侧重于选择职业、就业能力、解决危机等内容，包含指导他们准备面试、帮助他们树立正确的择业观等内容，进而强化他们的心理资本。

与此同时，学校心理咨询中心、辅导员、班干部还应该发挥自身的作用，形成心理健康教育合力。心理咨询中心的教师应该及时对贫困学生进行心理疏导，指导他们乐观积极地直面学习及生活中各种问题。辅导员是对贫困学生实施直接管理及教育的人员，应该设置健全的贫困学生档案，重点关怀建档立卡的贫困学生，实施动态化管理和常态化管理，时常与贫困学生进行交流，鼓舞他们通过自身的努力来转变命运，使他们感悟到学校对自身的人文关怀。班干部也应该承担起相应的责任，主动与贫困学生进行交流，了解他们的难处，与他们建立友谊。

（二）健全心理预警机制

除了心理健康教育以外，我们还应该不断建立健全的心理预警机制，保障贫困学生的心理安全。为此，应该做到以下两点。

一方面，高校应该不断提升心理危机预警意识。校领导、学生工作负责人、

辅导员等学生事务管理者均应该充分关注心理危机预警意识的构建，定期、不定期组织开展主题研究会，探究疏导贫困学生心理状况的有效方式；同时还可以构建完备的心理问题报告制度、心理危机汇报制度，聚焦亟须心理疏导的贫困学生，为其提供针对性的指导。

另一方面，心理咨询中心的相关人员及时对贫困学生进行心理危机干预。心理咨询中心设置的主要目的是为学生的健康成长成才服务，从事心理咨询工作的教师应该始终坚持为学生服务的准则，为在校贫困学生提供优质的心理咨询及心理辅导。针对存在心理问题或者心理状况的贫困学生，心理咨询中心的教师应该及时对他们进行交流或者适当的干预，通过认知行为疗法、合理情绪疗法等方法，矫正这些贫困学生不科学的观念，纾解他们内心中的焦灼、忧虑等负面情绪，解决他们的心理问题。针对心理障碍、心理问题比较严重的贫困学生，及时转介给专门的心理咨询师，避免延误病情及更大的危害。

四、关注贫困学生的人格塑造，培育积极向上的人格特性

积极健康的人格特性是每个学生健康成长成才的强大助推力，具备积极健康人格特性的学生往往具备了较强的社会适应力、社会责任感，也能够勇敢直面生活及学习过程中出现的各种难题，并积极采取切实可行的办法来解决这些难题。大学期间是贫困学生人格健全的关键时期，更应该积极把握时机帮助他们塑造健全的人格，使他们形成积极向上、努力奋进的人格特性。

通常情况下，贫困学生的人格特性往往没有形成定式，那些积极向上、乐观开朗、外倾性较强、善于自我控制的贫困学生所得到的获得感往往比较强。这是因为积极向上的贫困学生往往会对自身所处的环境及所面临的各种事物报以积极的态度，可以合理地、科学地解决当前面临的困难，对自身的生活目标也报以极大的期望，并对获得较好的结果报以极强的自信心。具备外倾性人格特性的贫困学生往往可以直面生活及学习过程中出现的挑战，感悟到更多的积极情绪体验；善于自我控制的擅长从自身出发来搜寻出现问题的原因，并加以适时的归纳总结，进而有效解决生活及学习过程中面临的各种问题。有鉴于此，高校应该格外关注贫困学生的人格塑造，并应该帮助他们形成积极向上的人格特性，通过贫困学生自身观念的转变来提升他们的获得感。

五、加强沟通交流，提升贫困学生的人际交往能力

实践证实，人类个体均具备相应的情感需求及归属需求，希望得到来自其他社会群体的帮助及关爱。而贫困学生往往显示出人际交往能力较低、人际交往渐

趋被动、交往范围狭小等心理表象，极其容易产生孤独感和自卑感，这均对他们的人际交往产生不利的影响。孤独感和自卑感导致贫困学生在人际交往的过程中往往比较被动，难以收获相应的交际成效，但是他们的内心又十分想要和其他人进行沟通交流。在此类矛盾的相互作用之下，贫困学生对人际交往的需求也更加强烈。人的社会特性决定了人际交往具有重要的作用，而人际交往能力的提升也是提升贫困学生获得感的有效方式。

贫困学生要想提升自身的人际交往能力，应该摆脱自身的标签身份，有效克服自卑心理及怯弱心理，巩固与他人沟通交流的自信心，并将自身看作一名普通的学生，积极主动地与其他人进行交际，减少自己与其他人的疏远感，使更多的人认可和接受自身，在与他人交际的过程中展现自我。与此同时，各科教师及非贫困学生也不应该以有色眼镜来看待贫困学生，不能因为这些学生家境贫寒就对他们另眼相看，而是应该主动关怀他们、尊重他们、贴近他们，为他们送去温暖和帮助。

除此之外，高校还应该积极搭建更有效、多样化的沟通交际平台，为贫困学生主动与其他人进行沟通交流创造有利条件，进而建立优良的师生关系、同学关系，使贫困学生感悟到教师及同学对自身的关爱，有效提升他们的获得感。为此，高校可以每年组织开展走访贫困学生的活动，安排专门人员与贫困学生进行沟通交流，不断拓展形式多样的隐性资助，也能够有效提升他们的获得感。通过实地走访贫困学生的家庭，不仅能够了解贫困学生家庭的实际情况，宣扬政府针对高校学生而制定的各种资助政策，还能够使贫困学生感悟到来自于教师、学校、社会、国家的关怀，使他们对未来的生活及学习充满信心。

综合以上论述，要想有效提升高校贫困学生的获得感，国家、社会、高校、贫困学生自身等各个主体均应该付出相应的努力。同时由于自身主观因素发挥着主导性的作用，因而贫困学生在学习期间应该从自身出发来增强获得感，维持积极的情绪体验。伴随着高校资助育人工作的深入发展，贫困学生的经济问题基本上得到了有效解决，而发展型需求也得到了相应的满足，其获得感水平得到了显著提升。

第六章

以获得感为导向的发展型资助育人体系的实践路径

贫困学生是高校学生的有机组成部分，帮助这些学生解决他们的实际困难已经成为高校领导者所面临的主要问题，也是构建符合时代特征、社会需求的人才的具体要求。因而，我们务必要将资助育人工作放在学校教育的突出位置，始终坚持科学正确的价值导向，使资助育人工作真正实现帮助家庭经济困难学生的目标，进而推动教育公平，实现社会发展成果福及每一位高校学生。

“发展型资助育人体系”指的是根据资助工作内在机理、运行机制和家庭经济困难学生的实际需求，在保障其基本生活需求的基础上，健全完善国家资助、学校奖助、社会捐助、学生自助“四位一体”的资助体系，通过构建物质帮助、道德滋润、能力拓展、精神激励有效融合的精准资助长效机制，促使每个家庭经济困难学生都成为有用之才，实现教育真正公平的一种资助模式。

资助政策落实了，成效究竟如何？受助学生收获了什么？由此引出了一个词“获得感”。受助学生的“获得”是指其获得的物质、精神等方面的帮助；“感”是其对各种帮助的一种主观感受；“获得感”是其对国家、社会、学校、教师等力量的支持与帮助的认同程度，自我成就水平评估和满足状况的综合感受。基于对获得感的研究，提出增强受助学生获得感，正是高校资助育人工作增强实效性的积极探索。以获得感为导向的发展型资助育人体系弥补了以往体系“重政策轻实效”的不足之处，显示出较强的包容性、个性化、全方位资助的特性。家庭经济困难学生作为发展型资助育人体系的主体，其获得感会对该体系的构建产生积极作用。因而，我们认为以获得感为导向的发展型资助育人体系的构建是高校资助育人工作的内在要求。以下主要从七个方面来论述以获得感为导向的发展型资助育人体系的实践路径。

第一节 强化思想引领，转变资助理念

当前确保占大学生 20% 以上的贫困学生不因经济困难而失学的目标已基本实

现，实现“个个有技能，人人有工作”，从根本上阻断贫困代际传递，已成为新时代高校学生资助工作的新诉求和新目标。这就要求高校资助工作不能仅停留在经济资助层面，而应更多关注家庭经济困难学生长远发展和改变其家庭命运，找准病根，科学安排资助项目，促进家庭经济困难学生全面发展，将他们培养成为新时代中国特色社会主义建设者和接班人，最终实现立德树人的根本任务。作为“十大育人体系”之一，高校学生资助育人工作要进一步加强顶层设计，更新工作理念，优化资助模式，实现由粗放型资助到精准型资助、无偿资助到有偿资助、保障型资助向发展型资助的转变，调动各方积极性，充分利用现有的社会资源，实现精准资助资源最优化、效率最大化，全面提升工作质量。

遵照相关文件精神，结合学校资助育人已实施的工作，接下来，我们将明晰建设目标，从顶层设计入手，更新工作理念，把“扶困”与“扶智”，“扶困”与“扶志”结合起来，进一步优化资助模式，完善国家资助、学校奖助、社会捐助、学生自助“四位一体”的发展型资助体系，构建物质帮助、道德浸润、能力拓展、精神激励有效融合的“三全”资助育人长效机制，实现无偿资助与有偿资助、显性资助与隐性资助的有机融合，着力培养受助学生自立自强、诚实守信、知恩感恩、勇于担当的良好品质。

一、坚持以生为本的教育宗旨

学生是学习的主体，教育质量的高低主要取决于学生是否学有所获。高校学生资助育人工作应该从贫困大学生自身发展的个性化需求出发，充分发挥资助工作中育人功能，以生为本，围绕学生、关注学生、服务学生，贴实际、用实力、出实招、办实事和出实效，化“虚”为“实”，变“无形”为“力量”，从而切实提高贫困学生的主观能动性，提升学生参与度。这所说的“提升学生参与度”指的是深入了解贫困学生的现实需求，通过“经济解困”和“强化能力”两个抓手，从扶困、扶智、扶志和扶优四个维度，积极设计切实可行、易于接受、喜闻乐见的资助项目和培养平台，进而提升贫困学生的积极性和参与度。在资助育人工作中，应该充分尊重贫困大学生的主体地位，强调以学生发展为主的资助模式，由传统的资助工作者占主导地位的单项资助模式向资助工作者和贫困生相结合的互动式转化，激发贫困生的积极性、创新性和主观能动性。

以获得感为导向的发展型资助育人体系始终坚持以生为本，立足对家庭经济困难学生获得感的研究，秉承“精准资助”和“授人以渔”的工作理念。一方面努力实现“四个精准”——“资助对象精准”“资助需求精准”“资助措施精准”和“资助管理精准”；一方面强化“授人以渔”的工作理念，将精准资助和资助育人的有效结合，助困与强能、资助与育人、物质帮扶与心理疏导的有机结合，从“粗放型”“保障型”资助向“精准型”“发展型”资助的转变，完成“四大提升”——理念提升、内涵提升、措施提升、格局提升，构建基于提升受助学生获得感的发展型资助模式。

二、聚焦立德树人的教育目标

我国高校学生资助育人工作应该始终把握一个目标——立德树人；抓住一个核心——社会主义核心价值观；强化两项能力——创新精神和实践能力；加强三项教育——励志教育、诚信教育和社会责任感教育。

以获得感为导向的发展型资助育人体系应该始终秉承“精准资助”和“授人以渔”的工作理念，以提升家庭经济困难学生获得感为切入点，从扶困、扶智、扶志和扶优四个维度，将助困与强能、资助与育人、物质帮扶与心理疏导有机结合，打造物质帮扶、人格塑造、能力提升和精神激励有效结合的内涵式发展型资助育人精品项目，旨在着力构建物质与非物质帮扶相结合的发展型资助育人体系，从保“量”到提“质”，注重工作的实效性，全面助力学生的成长成才，确保“资助一个学生，改变一段人生，成就一个家庭”。

三、强调获得感的实效评判

发展型资助育人体系是以维护教育公平为基础、以优化资助效能为目标、以学生发展为归宿的资助育人体系，是对现有资助育人方式进行创新和拓展。它坚持以“教育公平”和“以生为本”的原则，将“无偿资助”与“有偿资助”有机结合，将“他助”和“自助”有机结合，从贫困大学生主体的实际需求和发展需求出发，根据贫困大学生对物质、精神和能力等各方面的不同诉求，通过“经济解困”和“强化能力”两个抓手，积极设计切实可行的资助项目和培养平台，有针对性、分层次地对贫困大学生实施个性化、多样化的资助。同时，非常尊重贫困大学生的主体地位，倡导充分发挥学生的积极性、主动性和创造性。通过学生主动参与多样性的资助方式，不断提升贫困大学生的就业能力、竞争能力、抗压能力等，充分发挥资助的育人效果，促进贫困大学生健康成长、全面发展，实现高校人才培养的最终目标，满足社会对高素质人才的现实需求。高校从提升学生获得感入手，是有针对性的提高教育质量的理性选择。如何让高校贫困生共享改革的红利，提升获得感，成为衡量高等教育领域改革含金量的标准之一。

“实做”是“实得”的前提，以实际获得为根基，以主观感受为补充，实现“理论经验”与“个人体验”融合，促使我们“所给”与资助对象的“所得”的互依互推。以获得感为导向的发展型资助育人体系就是要以贫困生的“获得感”为试金石，以贫困生经济保障为评价的基础指标，以贫困生价值引领为评价的核心指标，以贫困生能力的提升为根本指标，建立科学的资助绩效评价体系，从而促进双向良性沟通、校正纠偏与同向同力，让我们的工作升温度、入人心、暖人心。

第二节 遵循发展规律，改进工作方式

以获得感为导向的发展型资助育人体系的构建应该始终遵循特定的发展规律，并不断改进工作方式。具体来讲，可以采用理论研究与实践检验相结合、教育和自我教育相结合、普及资助和精准帮扶相结合的方法。以下具体介绍每种工作方式的实施过程。

一、理论研究与实践检验相结合

以获得感为导向的发展型资助育人体系的构建应该始终坚持理论研究与实践检验相结合的工作方式。高校在实施德育教育的时候，往往会采取思想政治理论课程为主、实践教育课程为辅助的方法。高校学生资助工作育人功能的发挥也应该遵循理论教育与实践教育相结合的方式。除此之外，在构建以获得感为导向的发展型资助育人体系时，教育工作者还应该重点解决以下四个个难题。

第一，教育工作者应该始终坚持围绕“实践是检验真理的唯一标准”这个思路，从资助政策的落地、资助育人平台的搭建、资助育人活动的开展的实际效果——以增强贫困生获得感为实践始点和价值指引，以其作为学生资助育人工作的评判标准，来体现政策指导实践，实践优化措施。

第二，教育工作者应该解决好课堂的理论教育和课后的实践教育之间的关联。为此，教育工作者不仅要将资助育人的相关内容融合入思想政治理论课程中，使学生深入了解学校所开展的资助育人工作。同时，教育工作者还应该将学生的实际状况与学校相关资助政策相结合，围绕资助育人工作来开展与之对应的实践教育活动、社会实践活动。理论教育和实践教育的无缝对接能够真正提升学生的思想道德素养，使他们树立正确的思想观念。

第三，教育工作者应该解决好提升学生的认知水平与提升学生的实践行动能力之间的关联。高校教育的目标是推动全体学生成长成才，最终实现认知与行为的有机统一。若学生仅仅做到认知与资助育人工作相结合，并未做到知行合一，便会使资助育人工作沦为空泛的说教。科学合理的资助育人工作方式要求教育工作者不仅要采取措施提升学生的认知水平，还应该提升他们的实践行动能力。为

此，高校可以搭建学业支持、社会实践和事业拓展等全方位的辅助平台，来推动学生的认知与行动的有机统一。

第四，教育工作者应该着重解决好理论教育和解决学生的实际经济问题之间的关联。为此，教育工作者在实施资助育人工作的时候，应该始终坚持使用理论教育方式来教育全体学生，帮助他们认识和辨析自身在思维方式、道德理念等意识形态方面存在的问题。同时，在育人载体上，以经济资助为基础，注重教育、管理、服务、实践能力的强化，在资助工作中落实对学生学业、职业、就业和创业“四业”联运的培养机制，进而提升资助育人实效，实现全过程育人。

二、教育和自我教育相结合

以获得感为导向的发展型资助育人体系的构建还应该坚持教育和自我教育相结合的方法。教育及自我教育实际上是高校两种教育学生的方式，二者相互对抗、相互融合。其中，自我教育包含了自我认识教育、自我体验教育、自我控制教育几个方面，是高校学生自主认识自身的思想观念、道德素养并按照社会发展需求对二者进行改造的过程。毋庸置疑的是，要想提升受资助者的思想觉悟，应该加强家庭教育和社会教育，同时受资助者政治觉悟的提升也是其内部思想相互作用的结果。因而，要想学生在德智体美劳方面全面发展，还应该坚持教育与自我教育的有机结合。在资助高校学生的进程中，资助育人工作关注的重点是为学生提供经济上的资助。从某种意义上讲，资助育人工作欠缺更多的教育实践活动。教育工作者应该按照受资助学生的实际状况，以获得感为导向，着力增加提升学生参与度和互动性的实践活动，使学生身临其境，有所获，也有所悟。

资助育人工作者和受资助学生均是以获得感为导向的发展型资助育人体系的主要参与者，二者应该充分发挥自身的积极性。一方面，资助育人工作者应该主动将资助育人工作与教育实践活动有机结合，从顶层设计入手，更新工作理念，构建物质帮助、道德浸润、能力拓展、精神激励有效融合的“三全”资助育人长效机制，有效提升资助育人工作的教育实效性。

另一方面，贫困学生的自我教育也是以获得感为导向的发展型资助育人体系建设的主要环节。若单纯依靠教育工作者的说教，资助育人工作便无法达到最佳的教育成效。自我教育才是高等教育的主要途径，是学生实现自我管理的前提，而自我管理才是高质量自我教育的最佳成效及标志。因而，在构建发展型资助育人体系的过程中，应该充分发挥学生的能动作用，使学生主动对自身进行剖析、管理及改造。只有不断深化高校学生的自我教育，才能够充分发挥学生的潜能，使他们的思想认识走向科学合理的方向，彰显发展型资助育人体系的突出优势。

三、普及资助和精准帮扶相结合

以获得感为导向的发展型资助育人体系要想谋求更大的发展，还应当始终坚持普及资助和精准帮扶相结合的工作方式。我们已经认识到事物之间存在着普遍的差异性，因而要尊重不同学生的不同个性。由于资助育人工作的方式比较多样，受资助学生前期的教育环境又存在较大的差异性，致使受资助学生所面临的问题及具体需要存在一定的差异。因而，在开展资助育人工作的过程中，相关工作者不仅应该了解受资助学生的整体特性，还应该把握不同学生的不同特质。换言之，在对受资助学生进行普及资助的同时，不应该按照相同的标准来对他们进行衡量，在育人上也不能按照相同的目标来要求学生。我们在尊重受资助学生的个性化发展的过程中，不仅要关注学生的共性化需求，还要注重不同学生的个体差异下的个性化需求；在挖掘高校学生存在的普遍性问题及不足之处的同时，还应该关注贫困学生存在的特殊问题及欠缺之处。

在构建以获得感为导向的发展型资助育人体系的过程中，应该按照不同贫困学生的不同状况及心理特征，实施针对性的教育及引导。这里需要说明的是，不能因为学生某个特殊方面的差异，便否认其某些方面的优势，而是应该从整体来把握全体学生的特征并对部分情况特殊的学生进行差异对待，以便实现学生的同步发展。因而，高校在实施资助育人工作的同时，不单单要考虑部分贫困学生，还应该面向所有学生，以使全体学生均得到协调全面的发展，进而实现资助育人的整体目标。

除此之外，各大高校在实现经济资助全覆盖的基础上，还应该从遵循家庭经济困难学生成长发展规律的角度出发，实现实现“四个精准”——“资助对象精准”“资助需求精准”“资助措施精准”和“资助管理精准”；强化“授人以渔”的工作理念，将精准资助和资助育人的有效结合，助困与强能、资助与育人、物质帮扶与心理疏导的有机结合，从“粗放型”“保障型”资助向“精准型”“发展型”资助的转变。同时，国家及各大高校还应该提出有针对性的精准资助和个性化帮扶，譬如对孤残学生实行生活补助、偏远地区路费补贴、考研帮扶、就业创业帮扶等。只有这样，国家才能够真正实现精准资助的目标，才能够使资助措施真正惠及每一位亟须接受资助的学生。

第三节 围绕立德树人，完善资助育人政策

以获得感为导向的发展型资助育人体系的构建是一项系统性、复杂化的工程，

需要国家、社会、高校、家庭等各个参与主体的协同努力。为了实现资助育人工作的最佳成效，确保高校学生管理工作的有效推进，我们应该始终围绕立德树人的基本教育理论，不断完善资助育人相关政策措施，助推资助育人工作的深入发展。

一、将立德树人理念融入资助育人工作

立德树人是高校学生资助工作的根本任务。以获得感为导向的发展型资助育人体系作为高校资助育人体系的延伸，也应该始终坚持立德树人的教育理念，并围绕该理念来开展各项资助工作。为此，我们应该做到以下几点。

（一）挖掘资助育人工作立德树人的功用

高校应该明确发展型资助育人体系具有立德树人的内在功用，应该力争将立德树人与高校资助育人工作紧密相连，提升资助工作的育人功用。为此，应该从三个方面来实施。

首先，高校应该明确资助育人工作的主要目标。长久以来，高校学生资助工作的主要目标是保障每一个家庭经济困难的学生均能够顺利完成学业，解决每一个学生的经济困难。随着立德树人理念的提出，推动教育公平、助推学生成长成才，“资助一个学生，改变一段人生，成就一个家庭”成为新时代高校资助育人工作的主要目标及方向，高校资助工作所寻求的目标也由教育机会平等向教育质量提升的方向转变。

其次，高校应该进一步明确资助育人工作的任务。要想将立德树人的理念融入资助育人工作中，高校应该明确立何德、树何人等基础性问题。发展型资助育人体系的构建还应该指导学生树立坚定的信念、恪守社会道德规范，并以提升学生的个人道德情操为基本原则。

最后，高校还应该拓宽立德树人理念的内容。一般而言，立德树人理念包含了丰富的内在蕴意，其对学生的指引是多方面的。应该，高校要将立德树人理念融入发展型资助育人体系中，应该在对贫困学生实施经济资助的同时，通过深切的关爱及关怀，为他们提供发展型的价值引导及素质支撑，使他们具备一定的科学素养、实践能力、思想道德素养等品质，进而实现扶贫、扶志的有机结合，促进保障型资助育人体系向发展型资助育人系统的转变，保证资助工作的实效。

（二）确保立德树人理念知行合一

以获得感为导向的发展型资助育人体系的构建应该始终坚持立德树人的理念。知行合一指的就是不仅从思想上认识到立德树人理念的重要性，更应该从行

为上践行立德树人。发展型资助育人体系不仅关注从经济上资助高校学生，还关注学生的发展型需求，着重解决学生面临的各种困难。通过构建发展型资助育人体系，满足不同学生的不同需求，使受资助学生感受到被尊重、被优待、被重视的个体体验。这种个体体验会转化成学生内在的满足感、获得感，起到内显于心、外显于行的成效，这样才能够实现立德树人的根本教育目标。由此可见，要想将立德树人的理念融入发展型资助育人体系中，实现资源最优化，在操作的过程中应该坚持知行合一，不能将先进理念仅落实到个人认知上，还应该从行为上采取措施来践行立德树人。

二、完善资助育人政策

从资助育人政策来看，仍然存在不足之处，资助工作的育人成效还未得到充分的发挥。因而，应该对资助育人政策进行适当地调整。譬如，应该完善奖学金制度，不仅要发挥奖学金激励学生努力奋进、指导学生行为的导向作用，还应该发挥其资助作用，实现育人目标；应该增加勤工助学岗位，为学生创造工作机会，同时将体力型的勤工助学工作转变成知识型、管理型、技能型等工作。目前，我国部分高校已经建立了比较完善的学生工作管理制度，此项制度建立的主要目的是资助家庭经济困难的学生，同时不以贫困学生的称谓来界定他们，维护这些学生的自尊心。同时，要想将资助与育人有机结合在一起，还应该强化高校与社会的协作，构建校内、校外协作实践基地，充分利用社会资源来帮助学生。

除此之外，针对助学贷款，贷款银行应该对贷款学生的资助资金使用情况进行跟踪检查，对拖延贷款的学生进行催缴；同时，还应该建立起切实可行的监测系统，按时将学生偿还贷款的情况反馈给学校。学校应该负责宣传国家的助学贷款政策，并对贷款学生进行信用教育，通过构建贷款学生信用体系，帮助银行做好偿还贷款确认及催收贷款的工作；社会还应该为助学贷款服务的有效发展营造有利的舆论氛围，并在全社会中形成偿还贷款的信用机制；积极推行生源地国家助学贷款，充分发挥此类贷款的优势。针对工资收入水平较低或工作不稳定、还款能力较弱的贷款学生，实施分期偿还贷款的方法，还可以设置不同额度的还贷限额。这样的话，不仅能够提升助学贷款的还款率，还能够确保毕业学生的基本生活水准，体现教育公平、社会公平。

第四节 立足学生成长，拓宽资助育人途径

高校贫困学生由于各种原因而导致贫困，经济不充裕是他们的共同特性，而发展型需求的多元化则是他们之间的差别。以获得感为导向的发展型资助育人体系的实践始终坚持共性与个性发展相统一的原则，立足于学生成长成才，不断拓宽资助育人途径，为资助育人工作增添活力，不断提升资助育人的成效。具体来讲，主要采用以下几种方法来拓宽资助育人的途径。

一、精准掌握学生的发展型需求

以获得感为导向的发展型资助育人体系要想发挥最佳成效，应该精准地把握学生实际存在的发展型需求，并采取措施满足不同学生的发展型需求。根据相关数据显示，伴随着时代的演进，高校学生所具备的发展型需求也逐渐增加。以贫困学生为例。部分贫困学生最大的困难是生存方面的困难，他们的主要需求是解决最基本的物质生活；部分贫困学生存在发展型的需求，他们更希望获取到自身发展的能力。由此可见，贫困学生不仅具备基本的物质需求，还具备心理健康、思想观念、综合技能等方面的发展型需求。面对不断变化的社会及日益激烈的社会竞争状况，贫困学生对技能方面的需求逐渐凸显出来。

针对不同类别的发展型需求，高校应该充分采用大数据处理方式，对学生的需求进行统计。上文中提到了我国已经有部分学校通过大数据方式来统计了贫困学生的学业成绩、消费情况、个人爱好等方面的讯息。高校学生资助工作人员也应该效仿这种做法，做好前期讯息采集工作，利用报名讯息、贫困证明、个人申请等资料来具体分析不同学生的需求，并为不同学生构建不同的资助需求档案；与此同时，还应该强化动态化管理体系的构建，实时跟踪学生的学习情况、生活状况，利用监督管理平台来搜罗及分析学生各方面的讯息，并根据学生不同阶段的发展型需求对资助档案进行及时的更新。以获得感为导向的发展型资助育人体系的实践应该按照不同学生的发展型需求及其困难程度，采用适宜的资助形式，制定有针对性的资助方案。譬如，东北师范大学便创设了针对受资助学生实际需求的测评模式，按照学生的发展目标、家庭经济状况等因素来合理探究他们的特殊需求。

二、发挥思想政治理论课的作用

以获得感为导向的发展型资助育人体系的实践，首先应该对贫困学生进行适当的教育，而这项工作必须借助思想政治理论课来完成。

（一）丰富课程内容

课程内容关系到高校思想政治课理论课的成败。为了保障以获得感为导向的发展型资助育人体系的深入发展，教育工作者应该及时对受资助学生进行思想理论方面的教育，使这些学生准确掌握社会热点话题，结合实际情况，对国家实施的高校学生资助政策措施进行深入的分析及解读，及时纠正认知方面的偏差；通过理论课程指引受资助学生了解到高等教育费用机制转变对高等教育的影响，指引他们感悟到国家及社会对自身的关爱。同时，高校还可以邀请国内外驰名专家开展专题性讲座，开拓学生的视野，促使他们深入理解国际发展形势及国内相关资助政策。

（二）保证教材内容与质量

以获得感为导向的发展型资助育人体系的实践成效在很大程度上取决于思想政治理论课程的开展成效。当代学生思想观念转变的速度相对较快，因而思想政治理论课的课程内容更应该接近实际生活、接近学生实际情况。思想政治理论课教师应该及时关注受资助学生的思想观念及其思想需求，按照学生的实际需求来调整课程内容，改进教学方式，着力开展情感教育，与学生平等地进行交谈，真正成为学生的聆听者、关怀者；采用实际生活中的事例来教育学生，激发他们的学习热情，有效提升思想政治理论课的感染力。

（三）改进教学方式

伴随着时代的演进及科学技术水平的提升，以往推行的灌输式教学方式已经完全落伍，应及时进行改进及调整。高校思想政治理论课相关的教师应该积极探寻启发式教学方式、互动式教学方式等先进的教学模式，将灌输式的教学讲述转化学生自学或者师生互动的方式，以激发学生的学习热情及主动性，改善教师及学生之间的关系，帮助他们形成正确的行为观念，有效提升资助育人工作的成效。

三、发挥资助育人工作队伍的指引作用

以获得感为导向的发展型资助育人体系的实践，亟须建立一支思想作风过硬、

工作效率高的工作队伍。资助育人工作队伍的建立情况关系到资助工作与育人工作能否有效结合，关系到资助育人工作能否取得实际效用。伴随着我国高等教育事业的不断推进，资助育人工作队伍面临着各种各样的挑战。为此，高校可以通过以下三种方式来完善资助育人工作队伍，激发其指引作用。

首先，高校资助育人工作的人才结构比较单一，有待优化完善。高校应该严格依照我国教育部门的相关规定配齐配足工作人员，并从资助育人工作特征及实际需求出发引入各类人才。譬如，除了辅导员这类基础性人才以外，高校还应该吸收职业规划、心理咨询、信息技术、管理学等领域的人才，以为资助育人工作队伍增添活力。

其次，高校应该对资助育人工作者进行专业化、科学化的技能培训，助推资助育人工作队伍向职业化、专业化的方向转变。从某种意义上讲，资助育人工作者能否指引贫困学生正确看待资助工作取决于其综合能力及综合素养。资助育人工作极其琐碎，要求相关工作者始终坚持为学生服务、求真务实的精神。资助育人工作者的行为举止、思想道德水平无形中会对学生产生影响。因而，资助育人工作者应该自发掌握资助工作理念，树立坚定的思想信念，提升育人的责任意识。资助育人工作者应该加强政治责任，努力提升政治站位，在工作之前及空余时间应该主动参加技能培训，增加心理学、管理学、教育学等各方各面的知识，提升自身的业务能力及道德水准，以便为学生提供更加优质的服务。

最后，高校还应该构建针对资助育人工作者的管理机制及考评机制，并将考评结论作为学校办学质量的一个主要参照。譬如，明确规定资助育人工作者的选聘、升职、奖罚等，嘉奖业务能力突出的人员，适当提醒或者惩罚不按规定办事的人员，通过考评机制来拉动全体教职人员的自我反省、自我完善。从整体上看，高校应该通过师风建设、师德建设来提升相关工作人员的责任意识；着重建设辅导员队伍、思想政治理论课教师队伍，培养一批道德素养高、业务能力突出、知识储备丰富的专兼职学生资助育人工作队伍。

四、发挥学生社团组织的作用

学生社团在高校学生管理工作中担负着重要的角色，被视为除课程以外最重要的育人载体。学生社团往往是由志趣相同的学生在获得学校批准的前提下自愿成立的团体。面对资助工作的新情况及新形势，高校理应发挥学生社团对以获得感为导向的发展型资助育人体系实践的助推作用。采用学生社团的形式来开展贫困学生实践教育活动，使他们在参与活动的过程中寻求自身价值、增强自我认同感、摒除封闭心理，进而走向自强不息、独立自主的道路。为此，高校可以设置专门针对贫困学生的学生社团，聚集贫困学生，实施社团化、标准化管理。社团活动能够对学生产生深刻的影响。首先，社团活动可以培养学生的健全人格。具体来讲，在参与社团活动的过程中，贫困学生会与相关的学生甚至教师进行广泛交流，参与到活动安排及管理工作中，进而提升了自身的综合能力。其次，社团活动能够推动贫困学生的身体健康发展、心理健康发展。在志趣相同的团体中，贫困学生不自觉会发现自身的优势，打消自卑、胆怯的心理，对自我价值进行重新定位，推动身心健康协调发展。最后，社团活动会对学校的一体化管理产生积极的作用。社团组织将分散的贫困学生聚合在一起，为学校的统一管理带来便利；同时还有利于教育工作者及时了解贫困学生的实际状况，发现学生的不足之处，及时对其进行指引。由此可知，高校应该充分发挥学生社团组织的无穷动力，可以从以下四个方面来展开工作。

第一，高校应该加强组织领导，管理及规范学生社团组织。一方面，高校应该加强对学生团体组织的领导，将学生团体组织的各类实践活动归入整体教学计划中。高校学生社团组织的活动方式、活动内容均呈现出多元化的趋势，若不强化领导，极其容易向错误的方向发展。因而，高校应该始终坚持推动学生全面协调发展的教育目标，与社会协同开展各类积极向上的实践活动，将育人理念融合进实践活动中，拓宽资助育人工作思路，拓宽资助育人途径。另一方面，高校应该构建更加完备的管理机制，明晰学生社团组织的直属管理部门。管理部门中应该包含指导教师、骨干成员、普通成员三个组成部分，各个组成部分各尽其责，确保社团组织的持续健康发展。

第二，高校应该为学生社团组织提供资金上、精神上、政策上的支持。学生社团组织要想谋求长远的发展，还应该借助学校提供的各项资助。因为学生社团组织的经费往往不充足，导致难以开展多种公益性活动、志愿服务类活动。为此，高校应该不仅应该从精神上支持学生社团组织开展的各类活动，还应该拨出一定资金或者为其提供相关场地，推动社会实践活动的顺利开展。

第三，高校还应该关注学生社团组织形式的多元化。高校鼓励受资助学生设立“自助小组”“志愿者协会”等学生社团组织。此类社团组织以感恩社会、自我救助、帮助他人为活动主旨，力争为贫困学生提供实现自我价值的平台，帮助贫困学生树立自强不息、独立自主的意识。除此之外，高校还应该鼓励“就业创业协会”“围棋协会”“书法协会”等各类学生社团不断丰富自身的实践活动内容，积极与其他社会团体相结合，以吸引社会资助资金，努力为贫困学生乃至全体学生打造暖心、强能、拓素的广阔舞台。

第四，高校还应该鼓励学生社团组织不断增强自身的竞争性，突出社团活动的优越性。为此，高校可以定期对所有学生社团进行考核，实行优胜劣汰，推动社团的良性发展，在全校范围内营造良性竞争的氛围。通过评选“优秀社团成员”，积极发挥优秀贫困学生的带头作用，无形中对其他学生进行教育；通过评选“优秀社团”，展示了各个社团举办的各类活动及活动成效，为其他社团提供成功经验，帮助其他社团完善自身的缺陷，进而提升学生社团组织的整体水平。

五、充分发挥新媒体网络平台的作用

目前，新媒体技术已经上渗入各行各业，为各项社会活动的开展提供了便利。在这种背景下，新媒体不仅为以获得感为导向的发展型资助育人体系的实践带来了发展机遇，还带来了一定的挑战。伴随着网络的普及，新媒体对高校学生的影响逐渐扩大。新媒体具备传播速度快、资源丰沛等优势，已经成为资助育人工作的新型载体。新媒体在资助育人工作中的广泛应用，弥补了传统资助育人工作模式的不足，有效增强了资助育人工作的实效性。目前，我国一些高等院校已经借助微博、微信等新媒体公众平台来推行资助育人工作，并取得了一定的进展，证实了新媒体在构建发展型资助育人体系过程中的重要性。整体而言，新媒体为发展型资助育人体系的构建所带来的便利主要体现在以下四个方面。

第一，高校通过校园网、微信、微博等新媒体渠道来增强对学生的思想政治教育。与以往的教育宣传方式相比，借助新媒体网络平台来进行教育宣传普及面更广、信息获取更及时、更易于接受、更能引发学生的兴趣。因而，高校应该做好网络舆论引导工作，通过开展“自强之星”遴选、奖助学金“晒账单”等资助育人相关活动的网络推广；国家奖学金获奖学生风采录、“助学 筑梦 铸人”主题征文系列活动作品推送等各种形式为学生宣传“榜样力量”，树立典型传递正能量，对学生进行精神激励和道德浸润，培养学生的感恩意识、学校情感和家国情怀。

第二，高校借助新媒体网络平台可以及时宣传国家、地方政府和学校推行的高校学生资助政策推送各项资助育人工作最新资讯，传播“资助之声”。学生通过这类网络平台及时了解到最新的资助相关政策、参与流程及要求、资助学生名单公示等讯息，不仅加深了学生对资助育人工作的认识，还能够调动学生参与资助育人工作的积极性，鼓励他们参与到各类育人实践活动中，提升其综合素养。

第三，高校可以借助新媒体网络平台建立学生资助系统及管理系统。及时跟进受资助学生的动态讯息，实现各项资助工作的线上操作，同时还应该与就业指导中心、心理咨询中心紧密联系，为学生提供更有效的帮助，力争解决学生所面临的实际问题；积极扩宽学生教育渠道，构建政府、学校、学生家长相联系的机制，构建一体化的讯息渠道，实现讯息全方位贯通。除此之外，还应该构建资助育人工作监督管理机制，使学生、师生之间形成互相监督的关系。

第四，通过新媒体网络平台，实现线上咨询、解答的交流互动，还能够增强教师与学生之间的联系。高校提倡学生积极与其他人尤其是教师进行情感交流，与他们讲述自身所面临的问题，以减轻他们各方面的压力；教师及时收集整理学生的反馈讯息，也能够提升资助育人工作的实效性，防止出现更严重的问题。

总而言之，充分发挥新媒体网络平台的作用，能够有效宣传及管理资助育人各项工作，能够更好地在学生群体中开展德育教育，还能够有效解决学生所面临的各类问题，显示出一定优越性。

六、推动社会、学校、家庭协同教育

高校资助育人工作作为一项复杂的、长期的工作，要想发挥最佳成效，必须调动各类社会力量，聚集各类社会资源。高校学生健康成才成长环境的构建，亟须社会、学校、家庭的工作努力。同时，以获得感为导向的发展型资助育人体系的实践，也应该得到社会及家庭的理解及支持。

（一）增强高校与学生家庭的联系

家庭环境是学生成长成才的主要借助点，因而高校应该及时与受资助学生的家庭进行联系。高校教师可以通过电话访问、信件等形式与学生家庭建立联系；还可以通过实地走访的方式，深入了解受资助学生的家庭情况，以便深入探究学生的实际需求。通过与学生家长的交流，不仅能够使家长了解子女在校期间的学习情况、生活状况，还可以使教师对学生的家庭生活状况有更深的了解，使学生家长及教师对学生有更加全面的认识，为家庭及学校协同帮助学生健康成长成才提供有力支撑。与此同时，高校教师在为学生家庭送去关怀的进程中，还应该为家长宣传国家的基本资助政策，纠正学生家长的不要白不要等不良心态。除此之外，高校还应该做好接待及回复学生家长来访来信的工作，帮助家长解决与学生相关的各类问题。

（二）增强高校与社会的联系

社会教育不同于正式教育，能够有效填补学校教育与家庭教育的缺陷，推动学生终身教育。尽管社会教育与学校教育的教育方式、教学模式存在较大的差异，但却与学校教育保持着密切的联系。一般而言，学校教育为社会教育奠定基础，而社会教育实际上是学校教育的延伸及补充。因而，高校应该加强与社会之间的联系，为以获得感为导向的发展型资助育人体系的实践提供有力支撑。

高校应该鼓励学生积极与社会进行联系，广泛参与到各类社会实践活动中。极少部分学生家长认为不应该让学生过早与社会建立联系，以免学生沾染上不良的社会风气。这种错误的观念造成大部分学生在毕业以后由于欠缺一定的社会经验，与社会需求相违背，继而会被社会淘汰。从某种意义上讲，学生始终是要步入社会的，因而高校应该鼓励学生积极参与社会活动，预先做好步入社会的准备。同时，高校在鼓励社会重视贫困学生的时候，还应该将社会的需求转述给贫困学生，使学生向这一目标努力奋进，使学生更好地迎接社会对自身提出的挑战。

除此之外，高校在鼓励学生接触社会的同时，还应该增强学校教育及社会教育的有机结合，以便培育全方位协调发展的人才。因而，高校可以深入挖掘各类社会教育资源，与社会协同建立实践活动平台，拓宽教育途径。为此，高校可以通过人才培养培训、实习培训、就业培训等教育方法来对在校学生进行集中式培训；高校还可以积极引进社会团体、社会机构等社会资助力量，鼓励他们通过设立奖学金等方式来资助贫困学生，在全社会范围内营造助人为乐的良好氛围。

（三）增强社会、家庭、学校的协同教育

社会、学校、家庭在学生健康成长成才的过程中扮演着不同的角色，担负着不同的责任，对学生个体的成长成才也发挥着不同的作用。虽然社会教育、学校教育、家庭教育的教育方法、教育内容存在着一定的差异性，然而他们的教育目标始终保持一致，便是推动学生健康成长成才。相同的教育目标使不同教育主体的教育方向及各自所承担的职责更加明晰，默契的配合避免了各类教育主体的单独行事。因而，在推动学生全方位协调发展的教育目标下，社会、学校、家庭各类教育力量应该拧成一股绳，充分发挥自身的优点，推动教育资源的整合，形成全员参与教育、全方位全过程育人的教育格局，进而实现最佳的育人成效。

第五节 关注实得提升，优化资助育人评价机制

以获得感为导向的发展型资助育人体系的实践应该着重关注提升学生实得，不断优化资助育人评价机制。资助育人评价机制既是对资助育人各项工作的整体性评价，还是从资助理念及育人理念指引、过程监控到资助成效评判的系统性机制。伴随着国家对高校学生资助力度的加大，资助育人工作的评价机制得到了一定的重视，评价过程逐渐规范化、制度化，评价标准逐渐细化，评价成果的应用也更加严苛。完备的资助育人评价机制的构建能够有效提升资助育人工作的效率、

落实高校学生资助政策，进一步推进精准资助的进程。

一、传统资助育人评价机制的局限性

传统的资助工作评价机制以规范资助育人工作为导向，极力寻求资助育人工作过程的规范化及资助育人项目的落实，关注精准资助的成效。虽然传统资助工作评价机制取得了一定进展，但却未融入育人的理念，对育人成效的验证也比较缺乏，欠缺对资助工作育人功能的考量，存在一定的局限性。

（一）评价内容不完备

高校资助育人工作的内容及程序极其复杂，资助育人工作的重心放在学生资助政策的落实上，使得传统资助育人评价机制的重心放在资助育人工作的开展情况上，显示出一定的局限性。具体而言，主要表现在以下三个方面。首先，传统资助育人评价机制在衡量前期的评审过程中格外重视组织保障的力度，着重评估组织机构的完备程度、资助流程的规范程度、评定过程的公平性及公开性等。其次，传统资助育人评价机制在中期的评审结果方面格外关注业务管理水准，集中评估申请资料的完善程度、资助项目的落实程度、资助资金的发放成效等。最后，传统资助育人评价机制在衡量后期资助成效的时候格外关注短期的资助成效，重点评判资助政策落实的受助面、学生对资助工作的满意程度、资助育人工作的研究成果等。总而言之，传统资助育人评价机制的评价内容极其不充分，仅重视资助数量而忽略了质量，仅看重短期的资助成效而忽略了长期的育人成效。

（二）价值失位

资助育人评价机制出现漏洞是资助育人工作难以发挥最佳成效的主要原因。资助育人工作看重经济资助的观念使学生出现认识上的误解，进而造成受资助学生难以提升自身的价值。帮助学生摆脱困难的资助工作模式忽略了学生的心理状态、综合能力、生活状况等实际情况，导致受资助学生难以获得经济资助以外的支持。同时，以无偿资助为主要形式的资助方式，在一定程度上减弱了学生感恩观念、责任观念、诚信观念，极易导致学生产生依靠他人的不良心理。总而言之，以往的高校学生资助政策及管理体系忽略了对育人成效的掌控，使得资助育人工作出现较大的困境，一些学生的励志观念、感恩观念比较淡薄，在校期间表现一般，更有甚者难以顺利完成学业，或者出现伪造资助申请材料的现象，这与资助育人工作的初衷相违背。

资助育人工作是综合化、系统化的工程，其育人目标的实现既要体现在资助成效上，还应该体现在资助工作的全过程。评价机制、管理机制等资助育人各项活动机制会对学生的认知及行为举动产生较大的影响，最终会对育人的成效产生影响。资助育人工作机制决定了育人成效的实现与否，而资助育人评价机制通过影响资助育人工作机制来影响育人成果。传统资助育人评价机制并不能对资助育人各项工作进行科学的引导，难以有效约束学生的行为及认知，极易造成学生感恩观念、感恩行为的缺失，进而对资助育人工作的整体成效产生不利的影响。

二、高校资助育人评价机制优化的方向

高校资助育人工作任重道远，亟须社会全体成员的参与。高校资助育人评价也是一项综合性的工程，需要在尊重传统评价机制的前提下，不断完善评价内容，优化评价标准，构建更加完善的资助育人评价机制。

（一）拓展资助评价内容

资助育人工作评价标准围绕育人的使命，以规范化、精准化的资助为基础，还关注到育人的实际举措及成效。资助育人评价机制应该按照资助育人工作模式加以改进，对高校资助育人工作的评估不仅仅要关注资助项目的实施状况，更重要的是关注资助宣传、资助方式、育人成效等多个维度来拓展（如图6-5-1所示）。

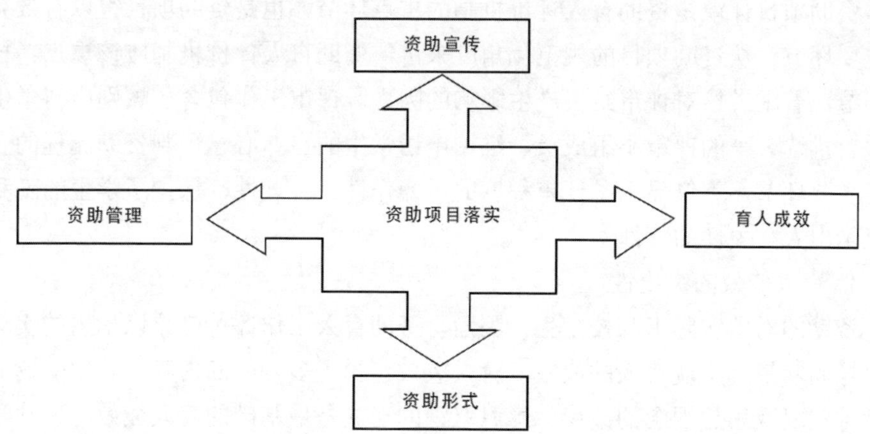

图 6-5-1 高校资助育人评价机制的维度拓展

1. 资助宣传的实效性

资助政策宣传是资助育人工作开展的基础环节，宣传到位才可以从本质上提升学生对资助政策的认识，进而采取科学合理的手段来申请资助。为提升资助宣传的实效性，在宣传政策的同时应该确保宣传内容的多元化，更加注重实效宣传，囊括学生资助相关政策、资助方式、诚信教育、感恩教育等；同时还应该确保宣

传方式的多样化，尽快摆脱以往单向式的传输方式，除利用招生简章、资助宣传手册、讲座等传统方式以外，要按照不同学生的具体特点及需求，采取实地走访、资助宣传大使、励志宣讲团、榜样力量系列活动等新型宣传方式，通过朋辈力量，树立典型，现身说法，引导学生汲取正能量，使学生深入地、全面地了解到资助活动的真谛，进而自觉增强自身的诚信意识、感恩意识、责任意识。除此之外，通过宣传资助活动还能够提升资助育人工作的透明度，使全体学生及家长、社会来监督资助活动，在全社会范围内形成了解资助政策、参与资助育人工作、监督资助成效的良好风气。

2. 资助方式的多元化

由于高校贫困学生所面临的实际问题呈现出多元化的趋势，因而要按照具体的需求及问题来选用适宜的资助方式，设置以经济资助为基础、以学业支持为助推力、以心理疏导为保障、以素质拓展为指引等多元化的资助方式。不同学生的发展型需求决定了资助育人工作应该采取正确的资助措施，确保资助方式的多元化，通过学业指导、就业指引、社会实践活动、心理咨询等不同方式来满足不同学生的发展型需求，在资助工作中落实对学生学业、职业、就业和创业“四业”联运的培养机制，最终实现全体学生的全面协调发展，全过程育人。

3. 资助项目评审的规范化

资助项目评审是资助育人评价机制的重点环节，也是资助项目得以有效完成的重要环节。从资助项目的规范化角度来讲，资助育人评价机制应该重点考核评审环节，着重考核对评审结果产生影响的因素。评审工作包含了甄别申请学生的条件、挑选公平的评审小组成员、维护申请学生的自尊心、评判资助流程的合理性等主要环节，不仅显示了评审程度的可操作性、合理性，保护了学生的隐私，还显示出人文关怀的特性。

4. 育人成效的突出性

资助的对象实际上高校学生。因而，资助育人工作评价应该以学生的实际需求为导向，最终实现育人的成效。育人成效包含了多方面的内容，其中受资助学生精神状况及思想观念的改善、感恩意识的形成是最基础的育人成效；调动学生学习的积极性及主动性，指引学生广泛参与到各类社会实践活动中，推动学生的全方位协调发展，获取实践成效才是育人的深层目标；帮助学生成长成才，指引他们工作以后报效社会是育人的最终目标。

5. 资助管理的严格化

新形势下，对资助育人工作的评价还应该关注到受资助学生后续管理，对受资助学生的学业成绩、公益活动参与程度、就业及升学形势等各方各面进行考核并实时监督，深化受资助学生对资助育人工作的认识。适当提升奖学金的申请条件，不仅关注学生的学业成绩，还应该关注到学生的道德素养、社会公益活动参与度等。重点考核学生的综合素质，引导学生通过积极参与社会实践活动来提升自身的综合素质。尤其需要提出的是，这里所说的后续管理不仅仅是关注在校期间，更应该建立毕业以后的跟踪机制，真正做到考量资助工作的全过程育人的实效性。

（二）优化资助评价标准

资助育人评价不能单纯依靠管理者、执行者、参与者的主观评价，还应该依照一定的客观标准来衡量。评价标准的设置是资助育人评价机制发挥成效的主要环节，评价标准的准确性、科学性决定了评价结果的公平性、有效性。资助育人工作的评价标准应该对传统的评价标准进行优化，既要以往可以客观评价资助育人水准、推动资助育人工作规范化的标准，还应该及时去除影响或妨碍整体育人成效的标准，同时还可以制定新的能够准确评价育人成效的标准。为此，我们应该将育人工作成效、工作方案、工作机制等内容融入评价标准中，以多样化的指标来反映资助育人工作的实际成效及发展水平。

（三）完善资助育人评价机制

在新形势下，我们应该将资助育人的教育理念真正融入资助育人评价机制中，从资助观念、资助制度、项目运行、工作监督、资助成效反馈等方面来完善资助育人评价机制。从资助理念上看，转变以往不科学的资助理念，在精准资助的前提下，来评价资助育人工作的成效；从资助制度上看，确保不同参与主体、不同阶段的评审标准保持一致，细化奖惩制度等考核标准，同等对待资助工作与育人成效；从项目运行的角度来看，将学生日常管理、心理健康教育、感恩教育、诚信教育、创业就业等资助内容有机连接在一起，不断扩展资助育人评价机制的范畴；从工作监督的角度来看，鼓励社会、家庭、高校等各个主体参与到资助育人工作评价机制中，构建与资助资金提供者的有效沟通体系，确保评价结果的准确性；从资助成效反馈的角度来看，及时反馈受资助学生的学习情况、资助工作的开展情况等育人成效，以评价机制的完善来拉动资助育人工作的改进。

综合以上论述，新形势下，资助育人、精准资助已经成为高校资助育人工作的主要任务，而资助育人评价机制的构建是这两项任务实现的有力支撑。传统资助育人评价机制看重资助政策的落实情况，导致育人功能难以有效发挥，因而需要构建更加完备的资助育人评价机制，以实现资助育人工作的整体目标。资助育人评价机制的优化应该立足新形势下育人的重大使命，在遵循资助育人实践途径的前提下，拓宽评价内容，制定新的评价标准，改进资助育人工作运行机制，并最终推动资助育人工作的有效开展。

第六节 挖掘多方资源，整合资助育人力量

目前，我国各大高校推行的资助措施仅能够满足贫困学生的特殊需求。若是某一高校中的贫困学生人数较多，那么现有的资助项目便难以满足所有贫困学生的需求。加之，随着时代的演进及社会文化环境的多元化，高校学生已经不单单满足于经济上的需求，还具备心理健康、就业指导等各种发展型需求。要想满足学生的不同需求，使学生获取到获得感，各大高校应该积极挖掘多方资助资源，不断整合资助育人力量，通过外部的资助来实现资助育人的目标。为此，我们可以采取以下几种方式。

一、拓宽政府资金

根据相关数据显示，政府资金仍然是目前我国高校资助育人工作的主要资金来源。因而，政府应该充分发挥自身的主导作用，持续加大对高校的扶持，为高校提供更多的资助资金。

依据西方发达国家的教育经验，我国政府应该将各大高校分成为大众提供服务的大众教育类高校、为精英提供服务的精英教育类高校两大类。针对大众教育类高校，由于此类学校能够产生较大的社会效应，政府应该着重扶持此类学校的发展；针对精英类高校，政府所能够提供的资金有限，因而政府应该通过优惠政策来指引此类高校的发展，同时还应该充分发挥社会资助、企业资助等资助力量。譬如，针对研发能力较强的高校，政府可以引导这些高校将研发能力转化成经济力量，鼓励社会投入相应的资金。这样的话，不仅可以减轻政府的经济负担，还能够提高社会资金的利用率，其重要作用不容忽视。

政府还应该不断拓宽资助育人资金来源渠道及使用渠道，从根本上解决预算内拨款不充沛、预算外拨款不规范的现象，不断提升高等教育的入学率。政府资助资金的来源不仅包含财政预算，还囊括了征收教育税、发行教育国债等各种渠道。从资助资金的使用渠道来看，政府应该对高校科研、基本建设等建设方面实施减免税收的措施，免费或者低价为高校提供办学场所，鼓励相关银行为高校提供利息较低的贷款，或者无偿为高校提供基础设施设备。同时，政府还应该为高校中的弱势群体设置相应的补偿措施，为家庭经济困难学生实行学费减免的优待，鼓励高校及社会为高校提供更多的勤工助学岗位，鼓励社会群体及优秀个体为学

生提供各类奖学金；还可以设置专项资助资金来资助贫困学生，将一些资助资金的对象由全体学生转变成贫困学生等弱势群体。

除此之外，政府还应该在全社会范围内营造资助学生的有力氛围，从制度、法律法规的层面上对社会助学体系进行规范，维护资助方、受资助学生的合法利益，建设多方位、多途径的社会资助体系。同时，国家还应该采取措施鼓励社会慈善力量与高校的学生资助工作的有机结合，将社会资助直接作用到学生自身，推动资助资源的合理分配。

二、调动社会资源的支持

教育事业是造福社会、造福国家的公益性事业，能够对社会发展提供相应的服务。按照教育成本分担理念，社会应该主动承担一定的义务及责任，自发分摊高校学生的教育成本。近年来，我国的物价水平持续增长，使得政府及高校承担的教育成本不断增加，越来越难以满足学生的各种需求。社会资源作为高校资助育人工作的一项重要社会资源，应该积极发挥自身的资助功用，为高等教育提供相应的资助资金。为调动社会资源的支持，政府及高校均应该采取积极的措施来引导社会的资助。

在知识经济飞速发展的现在，人才是各个国家及地区抢夺的主要对象，大部分高校及国际跨区域公司纷纷通过设置奖学金的办法来吸引优秀人才的目光。根据相关数据，清华大学内设置的奖学金种类大概有一百种，北京大学内设置的奖学金也有几十种，这些奖学金大多数是全球知名企业设置的。而国内相关企业极少数在高校内部设置了资助项目，这是因为他们并未意识到教育投资所带来的巨大效应。这就导致资助高校学生的艰巨任务由政府及高校担负起来，而政府及高校能够提供的资助又十分有限，能够资助的学生人数也相当有限。为了筹集到更多的资助育人资源，高校应该不断扩大自身的知名度，不断吸引更多社会资源的支持，同时还应该通过高校与企业联合办学的方式来培育更加优质的人才。这样的话，企业及社会通过资助学生能够获取到优秀的人才，增添自身的活动及整体效益，而学生通过企业资助也可以顺利找到适宜的工作。由此可见，社会资助项目不仅能够为高校的资助工作带来较大的推动力，还能够成为贫困学生的学习动力。

与此同时，高校还应该充分借助优秀校友资源，通过校友会等活动形式激发优秀校友的爱校情怀，鼓励他们积极为学校学生提供资助，可以以校友的个人名义或者社会团体的名义来设置相应的奖学金项目。譬如，北京大学便设置了休斯敦校友会奖学金、中国石油奖学金、李兆基奖学金、廖凯原奖学金等各类奖学金项目，获取到奖学金的学生每年最低能够获得5000元的资助资金，最高能够获取到 10000 元的资助资金。北京大学在评定这类奖学金的时候，不仅考虑到学生的学业成绩，还考虑到学生的综合素质、综合能力，在很大程度上指引学生树立自强不息、奋发向上、努力拼搏的精神。优秀校友和社会团体提供的奖学金帮助了一部分品学兼优的学生，传送了社会对学生的关爱，激发了学生的学习热忱，已经成为高校学生资助资金的重要来源。社会作为构建发展型资助育人体系的一个主体，其重要作用不仅表现在为高校提供丰富的经济资助，还表现在整合资助育人力量，为受资助学生提供了更多实践方式，鼓舞学生通过自身的努力来获取相应资金和发展机遇。

三、构建学生、高校、社会有机结合的信息平台

目前，各大高校大体上已经构建了比较完备的资助育人工作管理网站，并在网站内公布了国家相关的资助政策、申请名额限制、获得资助学生的名单、评选标准等信息，并按照不同的资助项目设置了不同的管理模块。这部分形式多样的管理模块使得资助育人工作的管理更加便捷，申请学生可以通过该网站填写申请资料，高校也可以在网站上直接审核学生提交的申请资料，这种优越性有效提升了学校资助育人工作的效率。但是，此类网站仅仅将高校与学生结合一起，并未有效与社会结合，其成效也只是暂时的。

为此，高校还应该设置专门为学生服务的资助工作网站，并将其构建成贫困学生、高校、社会三者有机结合的互动平台。在网站中，设置资助育人工作动态、最新的资助政策、资助名单公示、社会救助、社会工作需求等各类模块。通过这个信息平台，贫困学生、高校、社会三大资助主体可以进行有效互动、资源共享，同时还可以从成才教育、资助工作指引等方式对贫困学生提供及时的帮助。

第七节 注重实效宣传，增进受资助学生获得感

目前，教育资助已经成为国家资助的重点方向。我国政府针对高等教育制定了一系列政策措施，着力完善资助育人工作机制，实现各类资助方式覆盖全体贫困学生的资助目标。因而，新形势对高校资助育人工作提供了新的挑战。伴随着信息技术水平的提升及时代的演进，信息技术已经融入人们的日常生活，网络、手机、数字电视等新媒体已经融入高校学生群体中，为学生提供了更便捷的讯息来源。在这种形势下，作为以获得感为导向的发展型资助育人体系有机组成部分的资助宣传工作，能够推动教育工作的深入发展、充分发挥资助育人工作的实效、助推健康校园环境的构建，发挥着重要的作用。因而，我国应该不断加大力度推

动资助宣传工作，采取有效措施提升资助宣传的水准，推动以获得感为导向的发展型资助育人体系的进一步发展，提升受资助学生的获得感。

一、高校资助宣传工作的作用

近年来，我国高校资助育人工作的资助领域持续拓宽、资助方式逐渐多元化、资助力度持续加大、资助水平持续提升，呈现出繁荣发展的现象。资助宣传工作作为资助育人工作的一个环节，能够发挥重要的作用。

（一）教育作用

高校资助宣传工作应该始终坚持帮助困难学生、育人为主的教育理念。高校资助宣传工作应该不断提高宣传工作的实效性，使切实可行、易于接受、接地气的宣传模式贯穿宣传工作的全过程，进而提升其实效性。具体来讲，在高校资助宣传工作过程中，应该为全体学生传输国家最新的高校学生资助政策，以资助政策为外显性的教育方式，促使学生按照政策的相关规定来行事；为学生传播自强不息、努力奋进的先进学生的事迹，使先进学生的行事标准、思想观念成为全体学生的学习基准，成为全体学生内显性的道德基准。高校学生资助宣传工作通过外显性教育、内显性教育的手段，落实了以学生为本的资助育人工作，指引着全体师生的前进道路，鼓励受资助学生树立努力拼搏、发愤图强的意志，并将资助育人工作所起到的教育成效辐射至全校，助推健康校园文化环境的构建。

（二）社会化作用

以获得感为导向的发展型资助育人体系在高校资助工作中发挥着重新分配社会资源的作用，是确保高校贫困学生获得平等教育机会的一种科学方式。高校资助宣传工作在广大人民群众中传播了国家最新的高校学生资助政策及资助育人工作获得的成效，并树立了资助育人工作模范，促使人民群众对高校资助育人工作有了深入的了解。资助宣传工作既凸显了高等教育的公平性及社会公益性，起到了传播正能量的社会效应，又牵动了更广泛的社会资助力量，并与受资助学生之间构建了双向反馈机制，形成高校—社会—学生的资助良性循环。

（三）软服务作用

高校学生资助宣传工作不仅关注于硬性的资助，着力解决受资助学生最紧急、最迫切的需求，显示出及时性的特征，更重要的是关注于软性资助，与育人工作保持着密切的联系。软性资助还包含了高校学生资助政策解读，促使全体学生对国家最新的学生资助政策及资助工作流程有更深入的认识。在开展资助宣传工作的过程中，帮助受资助学生切实做好资助项目整理的工作，指导受资助学生选择最适宜自身的资助项目，使他们感悟到国家、社会、学校给予的关爱；在资助宣传工作后期，还应该紧紧抓住育人的目标，在学生群体中宣传高校学生资助工作所取得进展及成功案例，进而树立高校资助育人的正面形象、提升高校的社会影响力，同时还能够在高校范围内营造资助育人的良好氛围，助推新生招收、就业创业、教学研究、行政管理等各项与学生相关服务工作的发展。

二、当前高校资助宣传工作存在的问题

（一）学生教育缺位，育人功能尚未充分发挥

当期，发展型资助育人体系已经取得了一定进展，但是相关的资助宣传工作却未能保持同样的发展步伐，这就导致资助育人的工作理念并未得到贯彻落实。

一方面，从资助工作者的角度来看，他们并未对资助宣传工作形成全面的认识，未以资助宣传工作来拉动家庭教育，也未将资助宣传工作真正融入各类群众参与度高的活动中来进行群体性教育，未将资助宣传工作融入日常教学活动中来进行常态化教育，未将资助宣传工作融入学校各项政策制定的过程中来推行制度教育。

另一方面，从学生的思想观念来看，纠正错误观念的资助宣传工作尚不健全，具体表现在部分受资助学生逐渐产生依靠帮助、依靠他人的观念，导致思想方面及经济方面的双重贫穷。从普通学生的层面上看，出现将嘉奖优秀学生的普通奖项与资助项目混溶的现象，导致普通学生在追寻经济嘉奖的同时出现思想上的偏差，与需要资助的弱势群体之间产生激烈的竞争。从受资助学生群体来看，他们的感恩观念比较淡薄，渐渐出现等待他人资助、依靠他人资助、要求他人资助的错误观念，导致资助育人工作单纯停留在经济资助的层面上，难以调动受资助学生的发展潜能，也不能使他们养成自强不息、回馈社会的精神。

（二）服务意识淡薄，工作机制尚不健全

高校资助工作往往由后勤部门、财务部门、学生工作部门等多个部门联合开展，其中学生工作部门又包含了资助部门、团委、学生管理部门等，涉及部门数量较多，加之一些嘉奖项目涉及贫困学生、非贫困学生两类主体，致使资助育人工作难以形成统一的管理。除此之外，我国专门负责资助工作的部门需要实施“奖、助、贷、补、勤、免、偿”、医疗保险、日常资助管理等各项工作，工作负担重、

强度大；当资助任务传达至基层资助组织的时候，相关资助部门也面临着较大的工作压力，在施行资助育人工作的过程中难免会出现机械化运转的现象，育人工作便会出现脱节。

高校资助宣传工作往往看重工作需求，并在资助项目开始及结束后的时间段内进行集中宣传，导致资助宣传工作欠缺必要的人文关怀，服务育人工作的意识也比较匮乏。同时，资助宣传工作往往采用传送文件、发布讯息等方式，宣传典型事迹、育人功能宣传、资助政策解析等工作尚停留在基础环节，资助宣传工作的机制尚不健全。

（三）业务素养欠缺，宣传方式有待改进

高校资助宣传工作实际上是学生工作的一个有机组成部分，此类工作可以由宣传部门、团委、校内媒体、校外媒体、政工干部等不同的部门及人员来负责实施。这些实施资助宣传工作的部门及人员所具备的资助专业理论知识还存在一定的缺陷，且宣传技能水平也存在较大的差异性。当前，从整个资助宣传业务工作的角度来看，尚存在以下几个问题。

第一，宣传对象及宣传程度难以准确掌握。资助宣传工作是稳定社会秩序、推动教育公平的一项重大措施，也是德育工作顺利开展的必然选择，但是当前我们还不能准确从资助政策解读对象、讯息公布对象、特殊宣传对象等资助对象来展开各项工作，导致宣传工作刚开始便遇到了困难；同时对资助宣传程度的把握也存在模糊的现象，导致资助宣传工作实施过程出现困难，具体体现在资助工作专门负责部门、资助工作专业干部等实施主体均欠缺必要的宣传技能培训，还出现讯息泄露、宣传功能弱化、虚假宣传等不良现象。

第二，宣传方式及宣传目的尚不明晰。不同的资助项目所具备的的资助目的存在较大的差异性，有相当一部分高校资助宣传工作者的目标观念比较差，所施行的资助宣传方式也比较单调，并未按照不同资助项目的不同特征进行有针对性的宣传，造成宣传工作不能达到预期的效果，甚至出现适得其反的现象；同时资助宣传工作不能与学生工作发展的步伐保持一致，新媒体宣传、新形式活动宣传也并未发挥最佳成效。

第三，宣传体系及工作机制尚不健全。高校资助宣传工作往往通过与学生各项工作、校内行政讯息公布等方式来展开，此种宣传体系及工作机制极有可能导致出现宣传不到位的现象。当前，高校资助宣传工作仍然欠缺专门负责运行的宣传体系，多局限于学校内部宣传，极少与外部的企业、媒体及其他学校交流宣传经验，导致整个宣传工作局限于单一的维度，并未将学生管理工作与资助宣传工

作紧密连接在一起，也未充分发挥诚信教育、感恩教育、心理健康教育的宣传优势。

三、提升高校资助宣传工作实效性的措施

（一）构建资助宣传工作的长效机制

高校资助宣传工作要想取得最佳的、长期的成效，便需要坚持走专业化、实效化、长效化的发展方向。从国家资助层面上看，全国学生资助管理中心已经成为我国高校资助育人工作的主导机构，也成为高校资助宣传工作的指引。

国家高校学生资助政策和资助宣传工作在传播至各大高校的过程中，还应该发挥传输带的作用。为此，高校各个部门应该增强联系，构建联动合作机制，抽调一部分人员设置专职岗位，设立资助宣传工作指导小组，整理各项宣传内容及宣传讯息，拓宽宣传途径，提升宣传工作的成效；在基层设置专门的资助宣传岗位，形成具体岗位具体负责的工作机制，以便统一管理基层资助宣传工作、学生管理工作、基层工作人员等，构建协作宣传的长效机制。

（二）拓宽资助宣传工作的形式

从内容上看，我们可以将资助宣传工作划分成资助政策解析、资助项目宣传等实体类宣传工作，及诚信教育、感恩教育、心理健康教育、典型事迹宣传等意识形态方面的宣传工作。从资助方向的角度来看，我们可以将资助宣传工作划分成正向宣传、反向宣传、个性化宣传三大类。

在正向宣传的方面，我们应该摆脱依靠文字来宣传的方法，添加图片宣传、影像宣传、音频宣传的形式，增添宣传的内容；借助微博、微信等网络媒体进行宣传，构建资助宣传整体平台，使全体教师及学生深入了解到最新的资助讯息、关注资助工作的动态发展，并及时将资助情况反馈给宣传部门，形成高校、受资助学生、提供资助者、教职人员的有机互动机制。

在反向宣传的方面，应该紧紧抓住及时公布反馈讯息、跟进监督讯息整合的再宣传。当前，大多数反向宣传工作均是在资助育人工作的后期才开展，具备一定的引导性、概括总结性的特征，因而我们应该将反向宣传工作具体化，在原有的宣传项目基础上添加长期宣传项目。除此之外，还应该对反馈讯息、跟进监督讯息进行有效的归纳，通过年度工作总结等方式公布归纳结果，对资助宣传工作中出现的重点问题、难点问题重新梳理、重新宣传，促使全体学生对资助育人工作有更深入的认识，进而在全社会形成资助育人的氛围。

在个性化宣传方面，应该按照具体机构及人员的特征来展开。资助宣传不仅

是学生管理工作的一个有机组成部分，还是讯息管理工作的有机组成部分。不同高校、不同院系、不同专业在开展此项工作的过程中也会形成特殊的群体文化，同时也会出现不同的工作重点、工作难点。针对这种情况，我们应该按照全校的整体状况及不同群体的工作特征，按照特殊的指导理念及工作方式，不断改进资助宣传方式，推动资助宣传工作的有序发展。

除此之外，资助宣传工作作为发展型资助育人体系的重要环节，还应该与多个部门有机结合。我们应该尽量整合校内资源，形成合力，为了拓宽资助宣传工作的渠道和形式，积极借助新媒体网络平台来宣传各项资助讯息。

（三）推动教育与资助宣传工作一体化

以获得感为导向的发展型资助育人体系侧重于育人，而资助宣传工作作为一种教育方式，理应归入学生日常管理工作中，而高校所开展的学生日常管理工作也应该添加一定的资助宣传任务，以推动教育工作与宣传工作的整体发展进程，完善受资助学生的人格，纠正他们的错误观念，使他们尽快走出困境，最终实现德育、智育同步发展的教学目的。为推动教育与资助宣传工作一体化进程，应该做到以下三点。

从德育教育的层面上看，资助宣传工作应该突出育人所产生的实际效果，持续推崇正能量，为受资助学生传递社会的关怀，以此助推德育工作的顺利开展。高校的德育工作也应该依照资助宣传工作的具体特征，及时进行资助育人工作宣传；结合学生观念指引工作，为他们传输申请资助条件、解析学生资助政策，通过专题讲座、各类学生活动的方式将感恩教育、诚信教育拓展至全体师生。

从学科教育及日常教学管理的层面上看，资助宣传工作应该指导学生通过自身的努力来改变自己的生活状态，着重宣传专业学习的价值及意义。同时，还应该将资助宣传工作与高校的日常学科教学相融合，在教室、科研室、行政办公楼等公共场所中张贴资助宣传海报、设置资助宣传专栏，实现短期集中式宣传的效应。通过短期集中式宣传，将资助育人的理念传输给全体师生尤其是教职人员，使这部分教职人员成为资助宣传工作的一个动态化平台，形成资助宣传的长期效应。

从家庭教育的层面上看，资助宣传工作应该成为发展型资助育人体系与家庭、高校相互联系的纽带。资助宣传工作应该为家庭教育提供助推力，通过设置专项资助宣传工作经费，通过走访、调研等方式及时与受资助学生的家长进行联系，准确将资助育人工作的精神及国家最新的资助政策传输给学生家长，使家长参与到资助育人工作中。与此同时，家庭教育也可以弥补节假日、寒暑假期间的宣传空白，发挥一定的宣传作用。

高校资助育人工作，经济资助是基础，帮助家庭经济困难学生成长成才是根本，育人实效是关键。帮助家庭经济困难学生摆脱物质和精神的双重贫困并不是一蹴而就的，这是一项长期而复杂的工作。我们要在保证物质资助顺利推进的前提下，加强精神和思想方面的引导和教育，真正实现和满足家庭经济困难大学生的学业要求和成长需求为他们更好地学习和发展营造良好的教育环境，努力促进他们成长为性格独立、人格完善和全面发展的当代大学生。

当下高校资助育人工作正处于外延式向内涵式发展阶段，搞清楚当下工作的实效性对新时代下推动资助工作科学化、规范化，更好的“精准画像”，精准资助，为受助学生的发展提供了全覆盖、全方位、全过程的帮扶举措，促进受助学生实现自我价值、全面发展和实现财政助学资源实现整合效益最大化都具有深远意义。同时也有助于“促进社会政治稳定、发展安定团结的政治局面，增强民族凝聚力”，为实现伟大梦想提供大量优秀的贫困大学生人才，注入强大动力，引领社会发展进步。

参考文献

[1] [德] 雅斯贝尔斯． 什么是教育 [M]．北京：生活·读书·新知三联书店，1991.

[2] [美] 托克维尔． 论美国的民主 [M]． 北京：商务印书馆，1988.

[3] 蔡路，刘运显． 试论高校学生资助体系的育人功能 [J]． 学校党建与思想教育，2015（5）：53-54，62.

[4] 蔡琪，姜宁，李史干．新媒体视角下高校开展资助育人工作的对策研究 [J]．教育培训，2017（3）：91-92.

[5] 蔡颖，许志敏，钟慧娜，赵楚洪． 互联网思维下高校资助育人工作的实现机制与路径选择 [J]．煤炭高等教育，2016（1）：59-63.

[6] 曹国永． 把资助工作与育人工作更加有机结合起来 [J]． 中国高等教育，2016（9）：18-21.

[7] 曹现强，李烁． 获得感的时代内涵与国外经验借鉴 [J]． 人民论坛·学术前沿，2017（2）：18-28.

[8] 陈登科． 加强高校经济困难学生励志教育的思考 [J]． 思想理论教育导刊，2011（8）：110-112.

[9] 陈碉．论大学生资助工作的育人功能 [D]．重庆：西南大学，2012.

[10] 陈虎． 江苏资助育人研究（第 4 辑）[M]． 南京：南京师范大学出版社，2014.

[11] 陈万柏，张耀灿． 思想政治教育学原理 [M]． 北京：商等教育出版化，2007.

[12] 陈一威． 面向中小微企业的就业工作室小订单人才培养模式研究——以温州科技职业学院计算机专业为例 [J]． 职教论坛，2013（4）：86-89.

[13] 崔炳建． 河南国家助学贷款研究 [M]．郑州：河南大学出版社，2012.

[14] 戴钢书． 思想政治教育统计研究方法论 [M]．北京：人民出版社，2005.

[15] 戴国立． 高校学生工作理论与研究 [M]．郑州：郑州大学出版社，2012.

[16] 邓云涛，何瑾，孟丽辉． 高校贫困学生新资助政策面临的问题及改进途径 [J]. 学校党建与思想教育，2012（25）：58-59.

[17] 丁元竹． 让居民拥有获得感必须打通最后一公里——新时期社区治理创新的实践路径 [J]. 国家治理，2016（1）：18-19.

[18] 丁媛媛，刘巧玲． 勤工助学体系完善与育人功能发挥的思考 [J]. 教育与职业，2012（36）：178-179.

[19] 董瑛． 增进人民群众对反腐倡廉的“获得感”研究——新形势下反腐倡廉建设新理念新布局 [J]. 理论与改革，2017（1）：99-103.

[20] 杜德省． 高校学生资助工作中的问题研究 [D]. 上海：华东师范大学，2010.

[21] 杜松奇． 滋兰树蕙、立德育人——大学生思想政治教育的理论探索与实践 [M]. 兰州：甘肃文化出版社，2011.

[22] 杜长冲，杨福章．社会主义核心价值观下高校资助工作育人功能的实现 [J]． 继续教育研究，2016（5）：120-122.

[23] 段志雁，魏景柱，杨金保． 高校奖助学金发放存在的问题及对策 [J]. 教育探索，2011（7）：82-83.

[24] 范军． 普通高校资助育人平台建设探微 [J]. 学校党建与思想教育，2016（2）：41-42.

[25] 付进． 贫困后大学生的感恩和亏欠感及其影响因素——基于高校资助背景的研究 [J]. 高教论坛，2016（2）：9-28.

[26] 高峰强，杨华勇，耿靖宇，韩磊． 相对剥夺感、负性生活事件在羞怯与攻击关系中的多重中介作用 [J]. 中国临床心理学杂志，2017（2）：347-350.

[27] 高妮妮． 专业类型对大学毕业生就业的影响研究 [D]. 湖南：湖南师范大学，2010.

[28] 高艳丽，马彦周，高源． 高校学生发展型资助模式构建探究 [J]. 湖北社会科学，2012（6）：162-164.

[29] 高燕，李扬． 创新教学机制提升大学生对高校“形势与政策”课的获得感 [J]. 思想理论教育导刊，2017（11）：124-126.

[30] 郭昕． 我国普通高校贫困学生资助问题研究 [D]. 华中师范大学，2013。

[31] 郭雨昕． 高校马克思主义理论教育实效性问题研究 [D]. 济南：山东大学，2016.

[32] 韩磊，任跃强，薛雯雯，高峰强． 自尊与攻击：相对剥夺感和领悟社会

支持的多重中介作用 [J]. 中国特殊教育，2017（2）：84-89.

[33] 韩一凡．日常生活视域下的思想政治教育获得感研究 [J]. 学校党建与思想教育，2017（13）：42-45.

[34] 郝菲菲．高校勤工助学的发展及功能研究 [J]. 教育理论与实践，2012（33）：12-14.

[35] 何小芹，曾韵熹，叶一舵．贫困学生相对获得感的现状调查分析 [J]. 锦州医科大学学报（社会科学版），2017（3）：65-67.

[36] 侯燕．心理契约：大学青年教师职业获得感生成路向探论 [J]. 江苏高教，2017（9）：64-67.

[37] 胡佳新，蒋明宏．积极人格特质：当代大学生逆境生存的“抗体”[J]. 教育理论与实践，2016（12）：36-38.

[38] 胡余清．思想政治理论课有效教学研究 [D]. 长沙：中南大学，2008.

[39] 胡元林，郑大俊．论国家奖助学金的育人功能 [J]. 江苏高教，2015（3）：146-148.

[40] 黄建美，邹树梁．高校资助育人创新视角：构建多维资助模式的路径探析 [J]. 中国高教研究，2012（4）：81-85.

[41] 黄建美，邹树梁．论我国高校助学体系理念与机制的转变 [J]. 湖南社会科学，2012（6）：229-231.

[42] 黄艳敏，张文娟，赵娟霞．实际获得、公平认知与居民获得感 [J]. 现代经济探讨，2017（11）：1-10.

[43] 黄燕，王林清，马彦周．参与式资助：我国高校学生资助工作发展的新阶段 [J]. 思想教育研究，2011（8）：99-102.

[44] 黄莺．试论勤工助学在高校育人环节中的重要作用 [J]. 东南大学学报（哲学社会科学版），2010（S1）：195-197.

[45] 姜沛民．育人为本需求导向提升高校学生资助工作实效 [J]. 中国高等教育，2016（9）：14-17.

[46] 蒋建清．行业特色育人文化下的高校德育工作探索 [M]. 北京：中国文史出版社，2015.

[47] 经济保证精神关怀发展支持——东华大学资助育人工作介绍 [J]. 学校党建与思想教育，2012（14）：2.

[48] 赖锐．高校思想政治理论课教学实效性研究 [D]. 贵阳：贵州师范大学，2009.

[49] 李斌，张贵生．居住空间与公共服务差异化：城市居民公共服务获得感

研究 [J]. 理论学刊，2018（1）：99-108.
[50] 李国建，何少群. 高校家庭经济困难学生精神资助探究 [J]. 教育探索，2012（9）：114-116.
[51] 李洪申. 大学生对高校思想政治理论课程认同的现状与对策研究 [D]. 天津：天津工业大学，2017.
[52] 李林伟. 民办高校资助育人工作的科学内涵和价值诉求 [J]. 学校党建与思想教育，2015（12）：45-46.
[53] 李前进. 我国大学生社会主义核心价值体系教育研究 [M]. 上海：上海三联书店，2014.
[54] 李原. 不同目标追求对幸福感的影响 [J]. 青年研究，2017（6）：58-67.
[55] 联合国科教文组织. 学会生存一教育事业的今天和明天 [M]. 教育科学出版社，1996.
[56] 梁国平，胥海军，杨驰主编. 高校资助育人的探索与实践 [M]. 成都：西南交通大学出版社，2015.
[57] 梁旭光，贲春防. 高校贫困学生资助工作运行机制探析 [J]. 学校党建与思想教育，2012（7）：78-80.
[58] 刘富胜，赵久烟. 增强大学生思想政治理论课获得感要坚持“四个结合”[J]. 思想理论教育导刊，2017（6）：94-97.
[59] 刘红. “95 后”大学生社会主义核心价值观培育路径研究 [D]. 沈阳：沈阳工业大学，2017.
[60] 刘宁，卜士浈. “微时代”背景下高校资助育人工作的路径 [J]. 华北理工大学学报：社会科学版，2017（1）：97-101.
[61] 马彦周，江广长，杨美华. 高校保障学生权益的实践探索 [J]. 学校党建与思想教育，2011（32）：64-66.
[62] 潘杨，武好明，王亚非. 构建高校学生资助育人长效机制 [J]. 高校理论战线，2012（9）：55-57.
[63] 彭建国. 增强高校思想政治教育吸引力问题研究 [D]. 长沙：湖南师范大学，2011.
[64] 秦国文. 改革要致力于提高群众获得感 [J]. 新湘评论，2016（1）：12-13.
[65] 曲绍卫，刘晶. 当前我国高校助困与育人契合的实效性分析——基于全国 11 所高校大学生资助问卷调研 [J]. 思想理论教育导刊，2012（11）：

119-121.

[66] 桑海云，强冬梅，咸大伟．积极心理学视野下高校贫困学生的心理健康教育 [J]. 教育与职业，2015（3）：109-110.

[67] 沙爱红，周斌． 研究生培养机制改革与资助体系构建 [J]. 人民论坛，2012（35）：144-145.

[68] 石磊．民主与幸福感——解析中国的民主幸福感现象 [J]. 青年研究，2018（3）：55-67，95-96.

[69] 石庆新，傅安洲．获得感、政治信任与政党认同的关系研究——基于湖北省 6 所部属高校大学生的调查数据 [J]. 中南民族大学学报（人文社会科学版），2017（1）：91-94.

[70] 史凌芳．“扶困·励志·强能”三位一体高校学生资助工作模式的思考 [J]. 学校党建与思想教育，2014（4）：29-31.

[71] 史薇．高校思想政治理论课教学学生满意度调查研究 [D]. 兰州：兰州交通大学，2017.

[72] 史习明． 对创新高职院校助学帮困模式的探索——基于宁波职业技术学院思源基金的实践 [J]. 职教论坛，2011（12）：70-72.

[73] 宋大成． 论高校贫困学生泛资助政策的建构与实施 [J]. 教育导刊，2011（7）：42-44.

[74] 宋佳，许丹丹．网络背景下高校资助育人工作的路径探究 [J]. 佳木斯职业学学报，2016（6）：286+288.

[75] 孙德刚． 利用贫困学生资助活动，开展资助育人工作——以西南石油大学为例 [J]. 教育探索，2011（10）：108-109.

[76] 孙远太．城市居民社会地位对其获得感的影响分析——基于 6 省市的调查 [J]. 调研世界，2015（9）：18-21.

[77] 唐文红． 从物质资助济困育人到励志强能育人——民族地区高校能力发展性资助育人的现实探索 [J]. 思想教育研究，2011（7）：67-69.

[78] 汪来喜．我国农民获得感的内涵及理论意义探究 [J]. 经济研究导刊，2017（3）：30-31.

[79] 汪亭友．“民生意识”：让人民有更多获得感 [J]. 党建，2016（9）：12.

[80] 王红漫．是什么降低了民众的医保“获得感”[J]. 人民论坛，2017（9）：37-38.

[81] 王健，郭靓．幸福悖论、公共支出与国民幸福 [J]. 商业经济研究，2015

(10)：49-52.
[82] 王婧晗．高校思想政治理论课教学实效性研究 [D]．昆明：云南财经大学，2016.
[83] 王俊秀．不同主观社会阶层的社会心态 [J]．江苏社会科学，2018（1）：24-33.
[84] 王俊秀．居民需求满足与社会预期 [J]．江苏社会科学，2017（1）：67-74.
[85] 王力． 高校资助工作的育人功能及其实现途径研究 [D]．华东师范大学，2014.
[86] 王沛沛．当代青年群体的社会态度及影响因素 [J]．青年研究，2016（5）：47-56.
[87] 王浦劬，季程远． 新时代国家治理的良政基准与善治标尺——人民获得感的意蕴和量度 [J]．中国行政管理，2018（1）：6-10.
[88] 王芹，白学军，李士一． 情绪背景和社会预期对社会经济决策行为的影响 [J]．心理与行为研究，2015（2）：191-197.
[89] 王淑珍，党艳东． 加强资助育人工作促进高校资助工作公平有效 [J]．继续教育研究，2015（3）：81-83.
[90] 王涛． 资助中坚持育人育人中创新资助——陕西师范大学资助育人工作的实践与思考 [J]．思想教育研究，2011（12）：42-45.
[91] 王芝眉． 基于过程思想的高校资助育人机制的构建 [J]． 思想理论教育，2012（23）：87-89.
[92] 王子蕲，包婧元．高校基层工会提升青年教师“获得感”的实践及困境 [J]．工会理论研究，2018（1）：20-24.
[93] 文宏，刘志鹏．人民获得感的时序比较——基于中国城乡社会治理数据的实证分析 [J]．社会科学，2018（3）：3-20.
[94] 吴滇，郭宪国．贫困学生的心理问题及对策 [J]．大理学院学报，2006（1）：81-83.
[95] 吴跃峰． 高校贫困学生资助问题研究 [D]． 上海：复旦大学，2008.
[96] 向辉，曲莎莎． 挖掘育人内涵促进高校资助体系成熟化——以清华大学学生资助工作为例 [J]． 思想教育研究，2011（12）：46-49.
[97] 邢占军，牛千．获得感：供需视阈下共享发展的新标杆 [J]．理论导刊，2017（5）：107-112.
[98] 徐安安． “互联网 +”背景下地方师范类院校资助育人工作的反思与创新

[J]. 教师教育论坛，2016（12）：21-24.

[99] 徐惠忠，程显毅. 高校学生资助提升育人绩效的理论依据和实践 [J]. 中国成人教育，2015（1）：54-57.

[100] 徐美华，饶志雄. 新时期高校资助育人工作机制探析 [J]. 学校党建与思想教育，2016（4）：49-50.

[101] 颜娟. 高校思想政治理论课教学吸引力问题研究 [D]. 长沙：湖南师范大学，2007.

[102] 晏予. 人格心理学中的需求理论研究 [J]. 心理学探新，1990（1）：26-30.

[103] 杨连. 高校思想政治理论课教学的实效性调查研究 [D]. 大理: 大理大学，2017.

[104] 杨慊，程巍，贺文洁等. 追求意义能带来幸福吗？[J]. 心理科学进展，2016（9）：1496-1503.

[105] 杨曦. 大学生幸福感及其影响因素研究 [D]. 西北农林科技大学，2015.

[106] 杨周复主编. 高等学校学生资助政策研究 [M]. 北京：高等教育出版社，2003.

[107] 叶荣国. 高校思想政治理论课教学质量建设研究 [D]. 芜湖：安徽师范大学，2014.

[108] 殷成志. 国家奖助学金的育人功能研究 [D]. 南京师范大学，2011.

[109] 尹琳娜. 贫困学生心理健康问题分析与对策 [J]. 学理论，2015（30）：57-58.

[110] 于光. 高校和谐育人工作的思考与实践 [M]. 北京：北京师范大学出版社，2009.

[111] 俞建辉. 推进共青团供给侧改革，让青年更有获得感 [J]. 中国共青团，2016（6）：40-44.

[112] 张光明. 高校学生资助育人工作实践与理论研究 [M]. 长沙：中南大学出版社，2012.

[113] 张红霞. 文化多元化背景下高校思想政治教育实效性研究 [D]. 西安：陕西师范大学，2009.

[114] 张立英. 构建家庭经济困难大学生的“资助与育人”长效机制探讨 [J]. 继续教育研究，2011（11）：139-140.

[115] 张立英. 谈发展性资助在高等教育资助中的意义与实践——以浙江省发展性资助实践为例 [J]. 教育探索，2012（12）：31-32.

[116] 张民选． 理想与抉择——大学生资助政策的国际比较 [M]． 北京：人民教育出版社，1999.
[117] 张鹏． 增强青年四种体验提升青年团内获得感 [J]． 中国共青团，2016（6）：38-40.
[118] 张品． “获得感”的理论内涵及当代价值 [J]． 河南理工大学学报（社会科学版），2016（4）：402-407.
[119] 张书维，王二平，周洁． 相对剥夺与相对满意: 群体性事件的动因分析 [J]． 公共管理学报，2010（03）：95-102+127.
[120] 张雪飞． 高校思想政治理论课教学实效性研究 [D]． 大连: 辽宁师范大学，2011.
[121] 张耀灿，陈成文，罗洪铁，陈劳志． 成才不是梦一高校贫困学生的今天与未来 [M]． 北京：人民出版社，2005.
[122] 赵安勇． 高校贫困学生资助与育人相结合的思想政治教育途径探讨 [J]． 高等农业教育，2012（8）：74-76.
[123] 赵贵臣． 我国大学生资助体系的德育功能研究 [D]． 长春: 东北师范大学，2011.
[124] 赵兴宏． 高校马克思主义理论教育创新研究 [D]． 沈阳：东北大学，2013.
[125] 赵珍，高乐，刘玉龙． 内蒙古地区高校贫困学生资助育人工作探赜 [J]． 学校党建与思想教育，2013（6）：54-55.
[126] 周海涛等． 我国民办高校学生获得感的调查与分析 [J]． 高等教育研究，2016（9）：55.
[127] 周海涛，张墨涵，罗炜． 我国民办高校学生获得感的调查与分析 [J]． 高等教育研究，2016（9）：54-59.
[128] 周良书． 惩治“蚁贪”，让人民更有获得感 [J]． 人民论坛，2017（13）：22-23.
[129] 周绍杰，王洪川，苏杨． 中国人如何能有更高水平的幸福感——基于中国民生指数调查 [J]． 管理世界，2015（6）：8-21.
[130] 朱安宏． 基于“互联网 +”的高校贫困学生认定和资助工作的若干思考 [J]． 经济与社会科学研究，2017（1）：455，457.
[131] 朱平． 资助体系的育人功能研究 [J]． 教育与职业，2015（9）：26-28.
[132] 庄家炽． 参照群体理论评述 [J]． 社会发展研究，2016（3）：184-

197，245-246.

[133] 赵贵臣． 大学生资助结构优化策略构建 [J]. 国家教育行政学院学报，2015(11)：20-24.

[134] 张耀灿等． 现代思想政治教育学 [M]. 北京：人民出版社，2006.

[135] 陈秉公． 学生资助：大学生思想政治教育的重要途径 [J]. 思想教育研究，2016(6)：124-126.